Britta Hahn
Mama, was schreist du so laut
Wut in Gelassenheit verwandeln
Erfahrungen mit der GFK bei unwillkürlichem Handeln und Fühlen

Ausführliche Informationen zu jedem unserer lieferbaren und geplanten Bücher finden Sie im Internet unter ↗ http://www.junfermann.de. Dort können Sie unseren Newsletter abonnieren und sicherstellen, dass Sie alles Wissenswerte über das Junfermann-Programm regelmäßig und aktuell erfahren. – Und wenn Sie an Geschichten aus dem Verlagsalltag und rund um unser Buch-Programm interessiert sind, besuchen Sie auch unseren Blog: ↗ http://blogweise.junfermann.de.

Britta Hahn

Mama, was schreist du so laut

Wut in Gelassenheit verwandeln

Erfahrungen mit der GFK bei unwillkürlichem Handeln und Fühlen

Junfermann Verlag • Paderborn
2010

© Junfermann Verlag, Paderborn 2010
© Coverfoto: Wojciech Gajda – Fotolia.com
© Illustrationen: Sarah Zeese
Covergestaltung/Reihenentwurf: Christian Tschepp

Alle Rechte vorbehalten.

Das Werk einschließlich aller seiner Teile ist urheberrechtlich geschützt. Jede Verwendung außerhalb der engen Grenzen des Urheberrechtsgesetzes ist ohne Zustimmung des Verlages unzulässig und strafbar. Dies gilt insbesondere für Vervielfältigungen, Übersetzungen, Mikroverfilmungen und die Einspeicherung und Verarbeitung in elektronischen Systemen.

Satz: JUNFERMANN Druck & Service, Paderborn

Bibliografische Information der Deutschen Bibliothek
Die Deutsche Bibliothek verzeichnet diese Publikation in der Deutschen Nationalbibliografie; detaillierte bibliografische Daten sind im Internet über http://dnb.ddb.de abrufbar.

ISBN 978-3-87387-766-5

Inhalt

Vorbemerkung 9

1. Das unerwünschte unwillkürliche Verhalten.............................. 11
1.1   Sehnsucht nach wertschätzender Kommunikation...................... 11
1.1.1 „Ich schreie ungewollt".. 13
1.1.2 Nicht Ich, ES tut dies und jenes... 14
1.2   Ein kurzer Blick ins Gehirn 17
1.2.1 Das Gehirn und sein Aufbau.. 17
1.2.2 Das „Funktionieren" im Gehirn 20
1.2.3 Das Mittelhirn.. 21
1.2.4 Der Mandelkern 24
1.3   Unwillkürliche Reaktionen.. 28
1.3.1 Die Ohren lang ziehen... 29
1.3.2 Auslöser für unwillkürliches Fühlen 30
1.4   Veränderung ist möglich.. 32
1.4.1 Wenn wir weiter „versagen".. 33
1.4.2 Selbstanklage oder -annahme 36
1.4.3 Mit den Kindern bedauern 37
1.4.4 Grenzen der Selbstheilung 39
1.4.5 Die Wirklichkeit, die wir uns erschaffen..................................... 39

2. Fünf Schritte zum inneren verletzten Kind................................ 43
2.1   Schritt 1: Beobachtung 44
2.2   Schritt 2: Gefühl.. 44
2.3   Schritt 3: Empfindung im Körper 45
2.4   Schritt 4: Sich etwas einfallen lassen 46
2.5   Schritt 5: Empathie fürs Kind.. 47
2.6   Was passiert im Gehirn bei Empathie?.. 49
2.7   Grundannahmen für tragende Beziehungen 52

3.	**Die heilende Kraft der Empathie**	53
3.1	Autonomie und Zugehörigkeit in der Balance	53
3.1.1	Schuhe müssen geputzt werden	53
3.1.2	„Ich kann nichts für deine Gefühle ..."	61
3.2	Autonomie, Respekt und die Pflichten im Leben	62
3.2.1	„Du könntest es mal besser machen!"	62
3.2.2	Holzstapeln!	67
3.3	Mit Respekt und Achtung erfüllt sich das Bedürfnis nach Liebe	68
3.3.1	„Rede freundlich mit deiner Mutter!"	68
3.3.2	Welche Entscheidung treffe ich?	72
3.4	Unter der Wut kann Liebe schlummern	73
3.4.1	„So darfst du nicht mit mir reden!"	73
3.4.2	Mathematik-Hausaufgaben	78
3.5	Gehorsam und Autonomie sind wie Feuer und Wasser	80
3.5.1	Nein sagen dürfen	80
3.5.2	Zum Nein sagen ermutigen	86
3.6	Ruhe und Liebe sind wie vollkommene Harmonie	88
3.6.1	„Kannst du nicht endlich schlafen, du Monster!"	88
3.6.2	Schlaf Kindlein, schlaf´!	89
3.7	Empathie bei unerfüllten Bedürfnissen	91
3.7.1	Der Service am Morgen, bitte sofort!	91
3.7.2	Kannst du schnell mal helfen?	93
3.8	Lernen und sich weiterentwickeln ohne Angst	94
3.8.1	Die liebe Hausarbeit!	94
3.8.2	Trotz Risiko sich trauen	97
3.9	Sehnsucht nach Harmonie	99
3.9.1	„Sie schreit nicht, sie quietscht!"	99
3.9.2	Der Geschwisterstreit	101
3.10	Empathie für traurige Kinder	104
3.10.1	Mein Kind soll glücklich sein!	104
3.10.2	Der tote Hase	107

4.	**Kulturwechsel**	111
4.1	Vom Gehorsam zur Freiwilligkeit	111
4.2	Spiegelneurone	114
4.3	Hierarchisches oder gleichwertiges Zusammenleben?	118
4.4	Glückliche Kinder	126
4.5	Glückliche Partnerschaft	129
4.6	Wer führt uns in die nächste Kultur?	133

Zum Schluss 137

Literatur 139
Weitere Literaturempfehlungen 139

Vorbemerkung

„Mama und Papa"

Der Leser wird gebeten, „Mama" mit „Papa" gleichzusetzen. Auch wenn Elternkurse heute noch hauptsächlich von Müttern besucht werden, tragen Vater wie Mutter die gleiche Verantwortung für das Kind. Aus sprachlichen Gründen wird im Buch häufig nur ein Elternteil genannt, es sind aber beide gemeint. Wenn ich in meinem Buch „Ich will anders als du willst, Mama!" die Mutter gewählt habe, wäre es aus Gleichheitsgründen möglich, jetzt bevorzugt den Vater zu nennen. Dem widerspricht aber, dass der Eindruck entstehen könnte, Väter schreien eher mit Kindern als Mütter. Ich gehe davon aus, dass die Gründe für Schreien in der eigenen Geschichte und im Temperament zu finden sind, nicht aber im Geschlecht. Es gibt sowohl ruhige, ausgeglichene Väter und Mütter als auch schreiende Väter und Mütter.

„Wut tut gut"

Wut ist für das Überleben des Menschen als soziales Wesen notwendig und somit eine Quelle für Veränderung. Ohne Wut könnte ein Mensch nicht erkennen, wann er sich schützen muss, um sein Überleben zu sichern. Die Wut hilft zu erkennen, wann persönliche Grenzen überschritten werden.

Der Steinzeitmensch konnte seinen Knüppel schwingen und angreifen. Wenn die Übermacht zu groß wurde, bekam er Angst und rannte weg. Er erstarrte, wenn beides unmöglich erschien. Als zivilisierte Menschen wollen wir uns mit Worten schützen und erlernen beispielsweise die Gewaltfreie Kommunikation, um dem anderen Menschen mitzuteilen, was wir von ihm brauchen. Zum Angreifen oder Wegrennen brauchen wir keine Sprache. Wir reagieren mit dem Mittelhirn, welches auch den Säugetieren zur Verfügung steht. Das Großhirn und damit auch das Denken in Sprache steht, während Wut gefühlt wird, nur begrenzt zur Verfügung. Die Wut in Gelassenheit zu verwandeln ist in einem zweiten Schritt sinnvoll, wenn in einem ersten Schritt anerkannt wurde, dass Wut eine wichtige Botschaft für das Überleben sendet. Bleiben Menschen nach dem ersten Schritt stehen, ist es beim besten Willen nicht möglich, Zugang zum Großhirn zu finden. Der die Wut verwandelnde zweite Schritt ist notwendig, um den Weg vom Knüppel der Steinzeit zur Sprache des 21. Jahrhunderts zu finden. Wenn in diesem Buch Schritte aufgezeigt werden, wie

Wut verwandelt werden kann, wird gleichzeitig davon ausgegangen, dass Wut für das soziale Überleben unbedingt notwendig ist.

Der Ausgangspunkt

Eltern und die Gesellschaft sind empört über ihre Kinder – Kinder sind empört über ihre Eltern. Da fällt dem anderen im wahrsten Sinn des Wortes etwas ein, womit wahrscheinlich niemand gerechnet hat. Was fällt Eltern und Kindern ein, wenn sie schreien oder sogar schlagen, obwohl sie mit der Gewaltfreien Kommunikation einen liebevollen gemeinsamen Umgang anstreben? Unwillkürliches Handeln und Fühlen begleitet den Menschen. Die Vernunft hat da wenig zu melden. Gleichwertiges Zusammenleben kann gelingen, wenn Eltern mit dem Unwillkürlichen kooperieren, statt ES zu bekämpfen.

1. Das unerwünschte unwillkürliche Verhalten

1.1 Sehnsucht nach wertschätzender Kommunikation

Eltern wenden die Gewaltfreie Kommunikation an und haben Kontakt zu einer Haltung von Wertschätzung und Achtung vor dem Leben, wie es Albert Schweitzer ausdrückte: „Ich bin Leben inmitten von Leben, das auch leben will." Diese Eltern haben sich bewusst entschieden, einen wertschätzenden und achtsamen Umgang mit ihren Kindern pflegen zu wollen. Möglicherweise verstehen sie dies auch als einen Beitrag für den Frieden in dieser Welt.

Trotzdem sagen sie: „Ich verstehe zwar die Gewaltfreie Kommunikation (GFK), aber ich bin viel zu impulsiv. Häufig kann ich die Erkenntnisse der GFK einfach nicht umsetzen."

In der Vorstellungsrunde eines Elternkurses antworten die meisten Eltern, die die GFK kennenlernen wollen, auf die Frage, weshalb sie teilnehmen: „Ich bin unglücklich, wir schreien uns in unserer Familie an. Das entspricht nicht meinen Vorstellungen, wie ich mit meinen Kindern zusammenleben will. Ich weiß nicht, wie ich das ändern kann. Ich habe schon alles probiert und leide furchtbar darunter, da weder die Kinder noch ich uns wohl fühlen. Wegen der kleinsten Kleinigkeiten schreie ich sie an und sie zurück. Wieso können wir uns nicht normal miteinander verständigen?"

Nach so einer Vorstellungsrunde breitet sich eine gewisse Erleichterung unter den Eltern aus: Sie sind nicht die einzigen mit dieser Erfahrung. Das Schreien scheint fast „normal" zu sein. Und trotzdem tragen Eltern weiterhin eine große Sehnsucht in sich, in einer wohlwollenden Atmosphäre mit ihren Kindern zusammenleben zu können. Schreien wollen sie nicht grundsätzlich ablehnen, eine gewisse Leidenschaft darf schon sein, aber Schreien bei jeder Gelegenheit und mit einem Inhalt, den sie ablehnen, das soll nicht mehr sein.

Manche Eltern werden wütend und reagieren gegenüber ihren Kindern schreiend, sogar mit einem Klaps oder heftigen Schlägen, um kurze Zeit später zu bereuen, was sie ihnen angetan haben. Obwohl sie ihre Kinder lieben und sich nie im Traum hätten vorstellen können, dass so etwas passiert, ist **ES** da: „Ich liebe doch mein Kind, wieso habe ich es so angeschrien? Ich verstehe nicht, was in mich gefahren ist. Natürlich habe ich mich entschuldigt, aber am liebsten wäre mir, ich könnte vorher merken, dass ich etwas tue, was ich eigentlich nicht möchte. **ES** passiert einfach so."

Und wenn **ES** geschah, verzweifeln diese Eltern. Noch infiziert von der bisherigen Logik unserer Kultur, es gäbe bessere und noch bessere Menschen, verfallen sie dann fast automatisch in eine Selbstabwertung und fangen sogar an zu zweifeln, ob sie die richtigen Eltern für ihre Kinder sein können.

Welche Kraft ist **ES**, von der Eltern sagen: „**Es** ist einfach passiert, ich konnte **ES** nicht kontrollieren"?

In der Hypnotherapie nach Milton Erickson wird diese **ES**-Kraft „unwillkürlich" genannt, bestehend aus Prozessen, die spontan, schnell und wie unkontrollierbar ablaufen.

Es gibt unwillkürliche Prozesse, die *erwünscht* sind: Beim Autofahren trainiert der Schüler in den Fahrstunden, alle bewusst wahrgenommenen Begebenheiten gleichzeitig zu kontrollieren, mit dem Ziel, sich sicher im Auto fortzubewegen. Erst wenn er die Fußgänger sieht, im richtigen Augenblick in den Rückspiegel schaut und gleichzeitig die Schalt-, Brems- und Kuppelungsvorgänge so automatisch ablaufen, dass er nicht mehr darüber nachdenken muss, was er als nächstes tun wird, dann fährt **ES** sich wie von selbst.

Es gibt unwillkürliche Prozesse, die *unerwünscht* sind: Wer Fahrradfahren mit einer Rücktrittbremse gelernt hat und auf ein Fahrrad mit Handbremse umsteigt, wird möglicherweise mehrfach aus Gewohnheit beim gewollten Bremsen unwillkürlich den Rücktritt betätigen, um zu bemerken, dass dieser an dem neuen Fahrrad nicht funktioniert. Wahrscheinlich wird er nach mehrfachen „Fehltritten" umlernen und bald unwillkürlich nur noch die Handbremse benutzen.

Unwillkürliche Prozesse vereinfachen das Leben, weil nicht bewusst nachgedacht werden muss, welcher nächste Bewegungsschritt zu folgen hat. Automatische Bewegungsmuster können zu einem späteren Zeitpunkt sinnlos sein, wenn sich die Umwelt geändert hat. Das Fahrrad hat jetzt eine Handbremse und bei einem Freilauf braucht es keinen Rücktritt. Trotzdem werden wir, wenn wir den Rücktritt gewohnt sind, ihn mehrfach beim Bremsen ungewollt anwenden. Es braucht eine gewisse Zeit, bis wir diese Gewohnheit aufgeben und stattdessen die Handbremse benutzen.

Unwillkürlich heißt nicht unbedingt *unbewusst*. Es ist den Eltern ja gerade bewusst, dass sie ihre Kinder in einer für sie ablehnenden Weise behandeln, die sie nicht willkürlich gewählt haben. Üblicherweise wird diesen Eltern empfohlen, sie sollen sich zusammenreißen und sich mehr anstrengen, ein Verhalten zu entwickeln, hinter dem sie stehen können. Das Problem ist aber gerade, dass diese Eltern an sich selber den gleichen Anspruch stellen und verzweifelt sind, wenn sie registrieren, dass trotz aller Anstrengung **ES** wiederholt passiert. Dies ist der Moment, wo sie Hilfe suchen, weil sie sich ihr *unwillkürliches* Verhalten, das sie *bewusst* erleben, nicht erklären können.

1.1.1 „Ich schreie ungewollt"

Irene, Mutter von zwei Töchtern, sucht Hilfe, weil sie sich wiederholt in Situationen erlebt, in denen sie schreit, obwohl sie Ruhe bewahren will. Sie schreit ihre Kinder an oder im Stress sogar ihren Nachbarn:

„Ich schreie meinen Nachbarn an und bin sehr angespannt. Ich wünsche mir mehr Gelassenheit. Wir leben in einem Mietshaus mit mehreren Parteien. Das Haus ist hellhörig und es gibt Mieter, die haben keine Kinder. Ich spiele mit meinen Töchtern und ihren Freunden im Garten. Ich sehe, wie meine Tochter zu ihren Freunden aus dem Haus rennt. Ich gehe hinterher, damit sie nicht im Hausflur spielt, weil ich weiß, das stört manche Hausbewohner. – In dem Moment, wo ich sie hole, kommt ein Mieter und sagt: „Die Kinder im Flur sind wieder laut!" Ich schreie Herrn Müller mit hochrotem Kopf an: „Das sind nicht meine Kinder! Immer müssen Sie sich hier so aufregen."

Tagelang spürt sie ihre Wut im Bauch. Irene fragt sich, was in sie gefahren ist, denn eigentlich ist sie eine ruhige Person, die den Wunsch hat, mit allen Menschen gut auszukommen. In unserem Kulturkreis aufgewachsen, hat sie gelernt, sich für ihr unerwünschtes Verhalten abzuwerten und sich Vorwürfe zu machen. Sie schämt sich, indem sie sich sagt, dass sie eine unmögliche Person ist, die ihre Reaktionen nicht im Griff hat. Gleichzeitig ist sie beschämt, weil sie sich vorstellt, dass der Nachbar von ihr denkt, sie habe einen Vogel, weil sie wegen einer solchen Kleinigkeit wie eine Furie reagiert. Es macht ihr in den nächsten Tagen Mühe, dem Nachbarn zu begegnen.

„Was ist da in mich gefahren?", fragt sie sich. „Ich kann doch verstehen, dass mein Nachbar mir mitteilen wollte, dass Kinderspiel im Flur hallt und laut ist. Außerdem möchte ich Vorbild für meine Kinder sein. Aber ich bringe denen das Schreien richtig bei, indem ich es vor ihren Augen und Ohren vorlebe!"

Es gibt auch *unwillkürliches* Verhalten, das *unbewusst* ist: Ich habe nach meinem ersten Elterntraining vor 13 Jahren erschreckt feststellen müssen, dass ich meinen Kindern gegenüber automatische Sprachmuster wählte, die ich heute ablehne – Unbewusstes wurde bewusst. Auf diese Art wollte ich nicht mehr mit meinem Kind reden. Ich hatte das Elterntraining mit einer Freundin besucht. Beim Kinderturnen wagten wir beide nicht mehr, mit unseren Kindern zu reden, weil wir uns zum ersten Mal bewusst zuhörten, wie wir die Kinder ununterbrochen disziplinierten, ohne die Sicht des Kindes wahrzunehmen.

In anderen Situationen haben mir meine Kinder mehrfach Rückmeldung gegeben, dass mein Ton der Situation nicht angemessen sei, und ich war erstaunt, denn auch dafür hatte ich kein Bewusstsein.

> Als meine Tochter mich fragte, ob ich sie mit dem Auto zu ihrer Freundin in den nächsten Ort fahren könnte, antwortete ich „Nein". Im Feedback hörte ich von ihr, dass ich einen hohen und lauten Ton nutzte, als hätte sie mich gerade gefragt, ob sie den Teller mit dem Essen an die Wand werfen dürfe. Erst durch ihre Rückmeldung wurde mir bewusst, wie dieser Ton die Musik macht. Hätte meine Freundin auf meine harmlose Frage mit so einem „keifenden" Nein geantwortet, hätte mich das zutiefst erschreckt.

Bis zu dieser Rückmeldung war mir mein Ton nicht bewusst. Was läuft da unwillkürlich und sogar unbewusst ab?

1.1.2 Nicht Ich, ES tut dies und jenes

Bewusstwerden ist wie ein Erwachen. In den folgenden Ausführungen geht es darum, was wir unternehmen können, wenn wir schon *bewusst erkennen*, aber noch weiter *unwillkürlich* reagieren.

Sind diese unwillkürlichen Prozesse bewusst, können wir mit mehr oder weniger Übung mit der Zeit neue willkürliche Prozesse erlernen. Gelingt dies, haben wir die Wahl: „mit dem Kind respektvoll zu reden", statt es „mit Worten an die Wand zu klatschen" oder im Ton „anzufauchen". Das zu ändern ist nicht einfach aber machbar.

Neben den hier genannten *unerwünschten* gibt es *erwünschte unwillkürliche* Prozesse, die unser Leben erleichtern. Die Gehirnforscher sagen, dass bis zu 90 Prozent unseres Handelns und Empfindens, unserer Sprachmuster, unseres Fühlens und unserer Körperkoordination unwillkürlich ablaufen. Vielleicht erscheint Ihnen das etwas hoch gegriffen, aber denken Sie daran, was Sie alles unwillkürlich tun, wenn Sie sich nur ein Glas Wasser einschenken: Den Schrank öffnen, zuvor den Arm heben, den Griff anfassen, das Glas herausheben, gleichzeitig die Beine Richtung Wasserhahn bewegen, das Glas im richtigen Winkel unter den Wasserhahn halten. – Haben Sie über irgendeine dieser Handlungen nachgedacht?

Sie machen das alles unwillkürlich, und nicht nur das: Vor allem laufen Ihre Gedanken unwillkürlich spazieren.

Während Sie das Wasser holen, denken Sie an den bevorstehenden Einkauf und an die Nachbarin, die Sie zuvor noch besuchen wollen, und Sie formulieren in Gedanken, was Sie ihr noch unbedingt mitteilen wollen. Emotional ärgern Sie sich über Ihre Frisur und machen sich Sorgen, ob Sie das Geld beim Friseur lassen oder die

Freundin fragen, ob sie die Haare schneidet. Während das alles gleichzeitig passiert, sehen Sie Ihr Kind, wie es gerade dem jüngeren Bruder ein Haarbüschel ausreißt und Sie merken erst jetzt, dass die Stimmen Ihrer Kinder in den letzten Sekunden sich dramatisch erhöhten und schneller als Ihnen bewusst ist, ist **ES** wieder passiert. Sie reißen das Kind mit dem Haarbüschel, das Handgelenk fester greifend als nötig, an sich und werfen es dann unsanft auf den neben ihn stehenden Sessel. Mit laut erhobener Stimme teilen Sie ihm mit, dass er so nicht mit seinem Bruder umgehen darf.

Schon Sekunden später fragen Sie sich, was denn da gerade passiert ist: Haben Sie wirklich Ihr Kind in diesem Ton angeschrien, es solle nicht schreien? Ist **ES** gerade wieder passiert? Haben Sie die Kontrolle über sich verloren und sich hilflos ausgeliefert gefühlt, einem Geschehen, das Sie nicht mehr steuern konnten und welches Sie so nicht wollten?

In diesem Buch möchte ich mich mit dieser Frage beschäftigen. Was geschieht, wenn **ES** passiert? Wann haben wir diese unwillkürlichen Reaktionen gelernt und wann waren sie sinnvoll? Wenn wir den Sinn von unwillkürlichen Reaktionen verstehen, dann fällt es uns vielleicht leichter, uns selbst empathisch und wertschätzend zu begleiten, wenn **ES** wieder passiert ist.

Wichtiger aber ist die Antwort, wie wir mit dem, was **ES** ist, umgehen können, um angemessen nach unserem Willen, also willkürlich, zu reagieren. Statt dem **ES** in mir will **Ich** agieren. Ist das überhaupt möglich?

Ich würde mich freuen, wenn Sie meine Ausführungen geduldig begleiten. Vielleicht können Sie dann mit mir erkennen, dass, wenn **ES** unwillkürlich passiert, nicht nur Sie Empathie brauchen, sondern auch gleichzeitig ein jüngerer Teil von Ihnen.

Es gibt heute viele Elternratgeber, die gute Empfehlungen dazu geben, was ein Kind braucht. Diese Empfehlungen leuchten unmittelbar ein. Zwischenzeitlich haben Eltern genügend Informationen, wie sie ihre Kinder respektvoll und wertschätzend begleiten können.

Ich habe viele Bücher über Achtsamkeit und eine liebevolle Begleitung von Kindern verschlungen. Je mehr ich aber in der Umsetzung scheiterte, weil **ES** unwillkürlich eintrat, desto mehr bin ich mit der Zeit verzweifelt, weil ich nicht wusste, wie ich so leben kann wie **ICH** will. Jahrelang meinte ich, ich sei unfähig oder mein Ziel zu hoch. Ich sagte mir manchmal: „Was soll es denn, ich gebe auf und dann gehören Disziplinierungsmaßnahmen halt doch in die Familie." Ich kann nachempfinden, dass lebensfeindliche und beziehungsschädigende Disziplinierungs-Empfehlungen in der Elternliteratur eine Anziehung auf viele Eltern haben. Es ist die Sehnsucht, komplexe Lebenszusammenhänge einfach lösen zu können und somit die Welt übersichtlich zu gestalten.

Ich selbst hatte manchmal die Überzeugung, es sind Idealisten, die meinen, Achtsamkeit sei möglich. Ich meinte, vielleicht sind sie nicht ehrlich, wenn sie sagen, dass sie einen guten Kontakt zu ihren Kindern haben trotz ihrer Konflikte.

Heute weiß ich, dass das Ziel der Achtsamkeit im Zusammenleben mit den Kindern erreichbar ist. Ich brauchte keine weiteren Bücher, wie mein Ziel auszusehen oder was ich zu tun hätte, sondern eine Anleitung dazu, wie ich meine mir bewussten ungewollten und unerwünschten Reaktionen verändern kann, um meine wertvollen Ziele zu erreichen.

1.2 Ein kurzer Blick ins Gehirn

1.2.1 Das Gehirn und sein Aufbau

Für die Veränderung von unwillkürlichen Reaktionen braucht es wenige Informationen über die Funktionsweise des Gehirns. Selbstabwertung der eigenen Person oder noch mehr Anstrengung mit den gleichen erfolglosen Methoden ist kein erfolgversprechender Weg.

Ich möchte für die weiteren Ausführungen in einer möglichst allgemein verständlichen Sprache ein Kapitel über den Aufbau des Gehirns einschieben. Falls ein medizinisch gebildeter Mensch dies hier lesen sollte, bitte ich davon abzusehen, eine wissenschaftliche Erarbeitung zu erwarten. Ich gehe davon aus, dass ich hier einen Leser begleite, der primär daran interessiert ist, wie er seine ungewollten Handlungen und in der Folge auch seine Emotionen aus Liebe zum Kind willkürlich beeinflussen kann. Das Ziel ist eine für das Kind erlebbare liebevolle Beziehung, in der sich sowohl Eltern als auch das Kind wohl fühlen.

In dem jetzt folgenden Teil über das Gehirn werden Sie nur den Teil lesen, der für die weiteren Ausführungen notwendig ist. Wer sich tiefer gehend für diese Thematik interessiert, dem empfehle ich das Buch von Joachim Bauer: „Warum ich fühle, was du fühlst" (s. Literaturverzeichnis, S. 139).

Anatomisch lässt sich das Gehirn in drei Bereiche einteilen, einen unteren, mittleren und oberen.

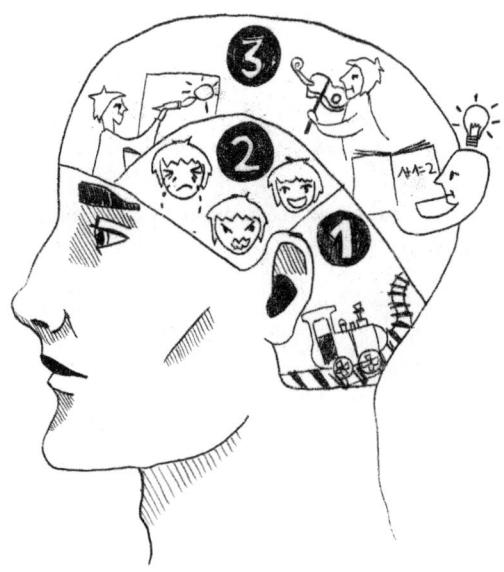

Das untere Gehirn, bestehend aus Stamm- und Kleinhirn, wächst aus dem Rückenmark heraus und ist zuständig für alle automatischen Funktionen des Körpers wie die Atmung, den Herzschlag, den Blutkreislauf, den Schlaf, die Körpertemperatur und die Funktion der Verdauungsorgane, das Schwitzen und Erröten. Auch regelt es die automatischen groben und feinen Muskelbewegungen und somit die Körperhaltung, das Gleichgewicht und die unwillkürliche Bewegung der Gliedmaßen. Alle einstudierten Bewegungsabläufe werden automatisiert und archiviert. Dazu gehören beispielsweise das Schreiben, Rad fahren und Geige spielen.

Die Funktion von Stamm- und Kleinhirn ist vielleicht vergleichbar mit der Mechanik einer Eisenbahn, die automatisiert in vorgegebenen Gleisen läuft.

Das obere Gehirn enthält die grauen Nervenzellen, mit denen wir denken, sprechen, sehen, uns willkürlich bewegen, bewerten, was Scham und Schuld ist und wissen, was uns wert und wichtig ist und was uns logisch erscheint. Ideen, Kunst, Symbole und eigene Vorstellungen entwickeln wir dort und planen langfristig. Es ist der Ort, wo Strategien entworfen, Pläne geschmiedet und Phantasiereisen erdacht werden. Vergleichbar ist die graue Substanz mit einem Buch, was selbst den eigenen Inhalt begreifen könnte.

Zwischen diesen beiden Gehirnen befindet sich das Mittelhirn, das auch limbisches Gehirn genannt wird. Limbus ist ein lateinischer Begriff und bedeutet „der Saum". Diesen Namen bekam es, weil der, der das Hirn aufschneidet, einen Gehirnteil sieht, der wie ein Saum aussieht, der das Stammhirn abschließt.

Das Mittelhirn hat die Reife eines Säugetiers, das angreifen, fliehen und erstarren, aber nicht sprechen kann. Im Mittelhirn entstehen die Gefühle entsprechend aller bisher erlebten Vorerfahrungen. Weiter unten im Text wird mit Beispielen gezeigt, wie das Mittelhirn „denkt".

1.2.2 Das „Funktionieren" im Gehirn

Seit einigen Jahren gibt es den Kernspintomografen. Das ist ein medizinischer Apparat, in dem der zu untersuchende Mensch liegt. Um ihn herum wird ein Magnetfeld aufgebaut und dieses fotografiert. Schattenartig werden die inneren Organe auf dem Foto erkennbar.

Wenn der Mensch nachdenkt, sieht, riecht, hört oder schmeckt, verbraucht sein Gehirn Sauerstoff. Im fotografierten Magnetbild des Gehirns ist an der veränderten Schattierung erkennbar, wo das Gehirn den Sauerstoff verbraucht. Somit kann man erfahren, wo im Gehirn eine bestimmte Aktivität stattfindet, wenn der Mensch sein Gehirn gebraucht.

In den letzten Jahren hat sich unser Wissen über die Funktionsweise des Gehirns enorm erweitert. Die Erkenntnisse der Hirnforschung sind so weitreichend, dass viele Lebensbereiche davon berührt werden.

So gibt es einen Hirnbereich Zeit, der leuchtet auf, wenn wir uns darüber orientieren, ob die Aktion jetzt, gestern oder morgen stattfindet. Dann gibt es einen Bereich, der zuständig für unser Sprechen ist. Steht nun ein Mensch unter Schock oder hat Angst, dann werden andere Hirnareale aktiv und die Verbindung zum Zeit- und Sprachgehirn ist unterbrochen. Dies erklärt, wieso Kinder, die gestresst sind, anfangen zu stottern und zeitlich nicht orientiert sind. Es ist völlig unsinnig, einem gestressten Kind Informationen zu entlocken. Der Satz „Sag mir, hast du das Geld gestohlen oder nicht?", kann das Gehirn wegen drohender Folgen so in Angstbereitschaft versetzen, dass tatsächlich keine Antwort möglich ist. Angst macht dumm, was in diesem Zusammenhang bedeutet, dass das Gehirn bei Angst keinen Zugang zum Wissen hat. Das Wissen ist zwar da, aber der Zugang ist wegen der Angst blockiert. Das Gehirn ist von der Angst so besetzt, dass die Nervenzellen für das logische Denken nicht bedient werden können.

So sind Klassenarbeiten für die Gehirne mancher Kinder ein Test über deren Fähigkeiten zur Stressbewältigung statt eine Prüfung ihres Wissens. Die Kinder sind nicht „blöd". Wäre Schule ernsthaft an dem interessiert, was Kinder gelernt haben, dann sind Tests, die an Noten gekoppelt sind, nicht das geeignete Testmittel. In Teilen unserer Kultur haben Noten Auswirkungen auf die Anerkennung des Kindes als Person. Für manche Kinder sind Klassenarbeiten Trainingseinheiten zur optimalen Förderung von Stresserleben. Wenn Kinder aus Erfahrung wissen, zu Hause bekommen sie eine Menge Ärger oder sehen die Enttäuschung in den Augen ihrer Eltern, wenn sie wieder eine „5" schreiben, ist ihre Angst groß genug, um den Zugang zum eigenen Wissen zu versperren.

Wenn es in der Schule ums Lernen geht, sollte es ein Anliegen sein, angstfreie Räume zu schaffen. Vor allen Dingen sollten wir aufhören, unter Zwang zu lernen, weil das Gehirn nur freiwillig effektiv lernen kann. Schulen sollten zu Orten werden, an denen ein respektvoller Umgang zwischen Schülern, Lehrern und Eltern gepflegt wird, bevor irgend ein Unterricht beginnt. An Orten der Wertschätzung fühlen sich Menschen wohl und können eine Kultur des Friedens erfahren und umsetzen und dann auch noch nebenbei etwas lernen. Nach den Erkenntnissen der Hirnforschung ist es für mich erstaunlich, dass Kinder lernen, obwohl sie die Schule besuchen.

Es gibt die Welt außen und die Welt in uns. Jedes Erleben im Außen erfahren wir über unsere Sinneskanäle. Wir sehen, hören, fühlen, riechen oder schmecken etwas. Jedes Ereignis wird nun in ein persönliches Erleben zusammengefasst. Angeblich sind am Erleben unserer Wirklichkeit weniger als 20 Prozent unserer Sinne beteiligt, der Rest sind Interpretationen und Zuordnung des Gehirns entsprechend unserer Vorerfahrungen.

Die mit den Sinnen aufgenommene äußere Welt wird einem dem Gehirn schon bekannten Muster zugeordnet. Dabei geht das Gehirn vom Allgemeinen zum Besonderen: Da ist ein Kopf, der gehört also zum Muster Mensch. Da der Kopf blonde Haare hat, gehört er zum Muster der blonden Köpfe. Der Oberlippenbart gehört zu den Gesichtern, die blonde Haare haben und da die Nase gekrümmt ist, kann es nur Onkel Albert sein.

1.2.3 Das Mittelhirn

Erfahrungen mit Onkel Albert waren lustig und belebend. Die Wiedererkennung von Onkel Albert wird vom Mittelhirn (limbischen Gehirn) deshalb mit guter Stimmung verknüpft. Das limbische Gehirn färbt das momentane Erleben mit Gefühlen ein und zwar mit den Gefühlen, die in der Vergangenheit passend waren.

Wir reagieren gefühlsmäßig nicht nur auf das, was ein anderer sagt oder tut. Unser Mittelhirn vergleicht die jetzige Situation mit einer ähnlichen, bereits früher erlebten Situation aus unserem Leben.

Das Jetzt wird mit den damals erlebten Gefühlen eingefärbt.

Bildhaft gesprochen lebt im Mittelhirn ein Männchen und es gibt einen großen Aktenschrank, in dem alles Erlebte gespeichert ist. Alles was im Außen passiert, wird von ihm verglichen mit dem schon Erlebten. Die Gefühle von damals zeigen an, ob die Bedürfnisse erfüllt waren oder nicht.

In dem Bild bewegt das kleine Mittelhirnmännchen beim Erkennen von Onkel Albert den Schalter Glück, das jetzt ohne eigenes bewusstes Zutun durch den Körper fließt. Danach kann das Großhirn weitere Strategien sich ausdenken, um mit Albert in Kontakt zu kommen.

Alle drei Gehirne arbeiten zusammen und sind miteinander vernetzt. Hätte Onkel Albert letztens mit dem Messer gedroht, dann verknüpft das Mittelhirn sein Erkennen mit einem unsicheren Gefühl, das Vorsicht signalisiert. Gleichzeitig sendet es Signale an das Kleinhirn, damit die Muskeln in einer „Hab Acht"-Stellung sind. Im Anschluss an diese Erkennungsmuster und Aktivitäten erinnert sich das Denken bewusst und stellt sich vor, was wäre, wenn es zu einem Mord käme. Die erlernten Werte zeigen an, es ist Unrecht, jemand mit dem Messer zu bedrohen.

Wir bilden jedes Erleben auf verschiedenen Ebenen ab:
⇢ ein inneres Bild der Außenwelt,
⇢ ein Gefühlsmuster,
⇢ eine Körperempfindung,
⇢ ein Atemmuster,
⇢ eine Körperkoordination,
⇢ ein Kommentar über das Außen,
⇢ eine Aussage über uns selbst.

Ein Treffen mit dem netten Onkel Albert sähe bei einer jungen Frau vielleicht so aus:
⇢ ein inneres Erkennen von Albert,
⇢ ein Gefühl der Freude,
⇢ eine Körperempfindung von Entspannung im Bauch,
⇢ der Atem ist tief und regelmäßig,
⇢ die Körperkoordination ist locker und beweglich,
⇢ ihr Kommentar über das Außen heißt: „Wie schön, dass ich ihn treffe!"
⇢ ihre Aussage über sich selbst heißt: „Ich bin glücklich, wenn ich Albert sehe."

Das Mittelhirn führt die Mustererkennung schneller durch, als die grauen Zellen denken können. Die junge Frau hat sich schon für Sympathie entschieden, bevor das denkende Gehirn sich überlegt, ob sie Chancen hat, um Albert auf sich aufmerksam zu machen. „Ist er verheiratet oder frei, möchte ich es wagen oder nicht" sind Fragen, die das logische Großhirn stellt, nachdem das Mittelhirn längst eine Annäherung beschlossen hat.

Wir können der Funktionsweise des Mittelhirns nicht mit rationaler Logik gerecht werden. Es hat wenig Sinn, vernünftig zu sagen: „Mensch, streng dich an, stell dich nicht so an, höre mit deinen blöden Reaktionen auf und brülle dein Kind nicht an! Was lebst du ihm denn da vor, es hat was anderes verdient." Das Mittelhirn versteht keine Sprache, es arbeitet mit Symbolen, Bildern und schnellem intuitivem Wissen. Dieses intuitive Wissen begann schon in der vorsprachlichen Entwicklung zu entstehen. Dort wurde alles Erleben bildhaft gespeichert nach dem Kriterium, was erfüllt Bedürfnisse und was nicht.

Im Mittelhirn entsteht das **ES**, das unwillkürliche Erleben und Reagieren. Von dort kommt **ES**, wenn wir nicht willentlich unsere Kinder anschreien.

1.2.4 Der Mandelkern

Das limbische System sorgt als Frühwarnsystem für unser Überleben, indem es erkennt, ob unsere Bedürfnisse sich erfüllen und ob wir in Sicherheit sind oder Gefahr droht. Alles, was wir in unserem bisherigen Leben als Gefahr erkannten, ist dort abgespeichert. Jedes neue Erleben durchläuft einen Sicherheitscheck, wird verglichen mit dem bisher Erlebten und als harmlos oder gefährlich eingestuft. Für diesen Sicherheitscheck ist in der Mitte des limbischen Gehirns eine kleine Gehirnform zuständig, die wie eine Mandel aussieht. Von diesem Mandelkern weiß man heute, dass er eine wichtige Funktion für das **ES** hat. Es ist die Schaltstelle, die bei erkannter Gefahr Nervenimpulse ins Gehirn schickt, die automatische Handlungsmuster aktivieren.

Wichtig ist der Mandelkern, damit erinnert wird, wovor man sich zu fürchten hat. Wird einer Versuchsratte der Mandelkern herausoperiert, so geht sie munter auf eine schlafende Katze los und knabbert an deren Ohr.

Bei Gefahr funkt der Mandelkern, bevor etwas anbrennt. Wenn er Alarm schlägt, werden Hormone wie Adrenalin ausgeschüttet, der Blutdruck steigt und der Darm entleert sich, um für den Kampf oder die Flucht vorbereitet zu sein. Er gibt Nervenimpulse an die verschiedensten Gehirnteile, um sofort unwillkürliche Bewegungsmuster im Stammhirn zu aktivieren, die gebraucht werden, um schnell rennen zu können. Damit werden schnelle automatische, eben unwillkürliche Reaktionen ermöglicht.

Dem bewussten Gehirn, also dem **ICH**, wird erst hinterher bewusst, welche Gefahr drohte. Bei Gefahr sind schnelle Reaktionen gefragt. Die Großhirnrinde ist bei Gefahr für willkürliche Reaktionen einfach zu langsam. Ist das Phänomen harmlos, dann gibt die Mandel die Informationen ins Großhirn weiter. Das willkürliche **ICH** überlegt nun gelassen, was als nächstes zu tun ist. – Alle Informationen werden von der Mandel am denkenden Gehirn vorbei bewertet und verwertet. Sie warnt letztlich, wenn sie befürchtet, dass das Individuum seine Bedürfnisse nach körperlicher Nahrung, Sicherheit, Bindung, Autonomie, Liebe, Empathie, Lernen, Ruhe und Sinnerfüllung nicht stillen kann.

Ein Kind lernt Gefahren durch Erfahrung kennen. Zunächst klettert es angstfrei auf den Tisch oder springt ins Wasser. Wird ein Absturz oder Luftnot überlebt, ist die Erfahrung mit den entsprechenden Gefühlen und Empfindungen gespeichert und wird zukünftig als Gefahr erkannt. Jede Gefahrengrenze, die überschritten wird, bewirkt eine Konsequenz, einen Schaden. Bei einem Absturz vom Tisch ist es ein körperlicher Schmerz. Experimentierfreudige Kinder erforschen dann im Selbstversuch verschiedene Höhenunterschiede, anderen Kindern reicht eine einmalige Erfahrung oder sogar nur die Ermahnung ihrer Eltern und sie vermeiden weitere Flugerfahrungen.

Der Mensch lernt nicht nur Gefahren für seine körperliche Sicherheit kennen, sondern auch für sein soziales Leben. Als soziales Wesen ist er darauf angewiesen, in einer Gemeinschaft zu leben. Zugehörigkeit ist ein existenzielles Grundbedürfnis. Ist dieses bedroht, ist das Schmerzzentrum aktiviert. Jemanden aus einer Gemeinschaft auszuschließen, tut genauso weh, als würde man ihn verprügeln. Die Mandel speichert Erlebnisse, die zum Ausschluss und Liebesentzug mit anderen Menschen führten.

Die Großhirnrinde geht logisch linear vor, aus A folgt B: Erst wird der Tisch gedeckt, dann wird gegessen. Dies ist nicht die Logik des Mittelhirns. Dieses sortiert nach Bildern und Symbolen. Es ist eine magische Welt, die ohne Sprache und Logik funktioniert – es tauchen Assoziationen auf: Ein Tisch, das Fallen, der Schmerz, Essen, die lustige oder angespannte Gemeinschaft, „Tischlein deck dich und der Knüppel aus dem Sack."

1.2.4.1 In der Luft hängen gelassen

Daniel[1] ist irritiert. Er merkt, wie sich eine Anspannung in seiner Brust ansammelt. Seit drei Tagen spricht er auf den Anrufbeantworter einer Freundin, die sich nicht zurückmeldet. Zuvor hatte er Andrea gebeten, die gemeinsamen Anrufe eine zeitlang zu reduzieren, weil er mehr Zeit für seinen Beruf braucht. Jetzt aber antwortet Andrea nicht. Bisher hatte sie immer sofort zurückgerufen. Daniel ist sich sicher, dass Andrea den Anrufbeantworter abhört, und er fängt an, sich zu ärgern, weil er den Eindruck hat, Andrea will es ihm jetzt zurückzahlen nach dem Motto: Wenn du keine Zeit hast, dann habe ich auch keine. Als Reaktion will er Andrea zukünftig links liegen lassen, um es ihr heimzuzahlen. Daniel erlebt seine Wut unangemessen. Mit seiner Logik ist ihm nicht nachvollziehbar, wieso er sich so intensiv ärgert. Er fordert sich selbst auf, sich nicht so aufzuregen:

---

1   Alle hier erzählten Geschichten haben sich so zugetragen. Die Namen der Personen wurden verändert.

„Vielleicht gibt es eine logische Erklärung für Andreas Verhalten. Deshalb braucht man doch nicht gleich den Kontakt abbrechen", sagt er zu sich selber.

Daniel weiß: Wenn Logik und Gefühl nicht mehr zusammenpassen, dann sendet das Mittelhirn die Gefühle, die zu einer früheren Situation passen.

Daniel konzentriert sich auf seine Wut, die er jetzt wie eine Schnur empfindet, die sich um seine Brust spannt und sich langsam zuzieht. Seine Gedanken sind: „So eine Gemeinheit, Andrea lässt mich einfach in der Luft hängen."

Während er sich auf diese Empfindung konzentriert und auf seine Kindheit, steigt die folgende Erinnerung in sein Bewusstsein:

Als er acht Jahre alt war, spielte er in einer Clique von vier Kindern in einer alten Scheune. Sie kamen auf die Idee, eine Mutprobe durchzuführen. Sie wollten sehen, ob Daniel sich traut, sich aus zehn Metern Höhe abseilen zu lassen. Mit Mut und voll Vertrauen ließ Daniel sich das Seil um seine Brust binden und schwebte über die Seilwinde nach unten, während die anderen Kinder das Seil langsam abwickelten. Etwa in sechs Meter Höhe banden die Kinder entgegen der Abmachung das Seil fest und rannten lachend weg, während sie riefen, dass sie Daniel da hängen lassen wollten bis zum nächsten Tag. Daniel fing in Panik an zu schreien. Er stellte sich vor, was für einen Ärger er von seinen Eltern bekommen würde, wenn er am Abend nicht auftaucht. Außerdem schnitt das Seil in seine Brust und er konnte sich nicht nach oben ziehen. Irgendwann später lösten die Kinder das Seil und Daniel rannte weinend nach Hause. Er wollte nichts mehr von den Kindern wissen und sie zukünftig meiden.

Daniel ist sich jetzt bewusst, dass er in seinem Ärger gedacht hat, Andrea würde ihn in der Luft hängen lassen. Sein limbisches System erkennt diese Aussage bildhaft und erlebt das Kind Daniel als in der Luft hängend, so als ob es gerade wieder passiert. Wie in einem Albtraum verhält sich sein gesamter Körper, als ob die Gefahr bestünde, er hinge echt wieder an diesem Seil.

Der erlebte unwillkürliche Impuls, Andrea links liegen zu lassen, entspricht seiner Reaktion gegenüber den Kindern, die ihn in diese Not brachten. Hier wiederholt sich die Reaktion, die er schon damals als hilfreich erlebt hat: Menschen aus dem Weg gehen, die einen in der Luft hängen lassen.

An diesem Beispiel lässt sich gut nachvollziehen, wie im Mittelhirn bildlich „gedacht" wird. Als Andrea nicht anruft, denkt Daniel: „Sie lässt mich in der Luft hängen." Dieser Gedanke ist im limbischen Gehirn wortwörtlich das Bild, wie es erlebt wurde, verknüpft mit dem damaligen Erleben von Angst und Erregung. Mit seinem bewussten Gehirn kann Daniel zunächst nicht erkennen, wieso er auf das Schweigen von Andrea so aufgeregt ist und so massiv reagiert: Er will ernsthaft den Kontakt zu seiner besten Freundin abbrechen, nur weil sie seit drei Tagen keinen telefonischen Kontakt mehr haben.

Ein weiteres Beispiel für das Mittelhirn auf der Ebene der Wortwörtlichkeit gab mir meine dreijährige Tochter. Sie konnte im Kindergarten überzeugend behaupten, dass ihr Vater im Wald arbeitet. Die Erzieherinnen lachten und sagten ihr, er sei doch Rechtsanwalt und sie sagte: „Genau, er arbeitet rechts am Wald." Das, was uns hier schmunzeln lässt, ist die Logik eines kleinen Kindes, was wortwörtlich wahrnimmt, was wir erzählen. Das kleine Kind hört Worte und vergleicht sie mit bekannten Bildern. Unsere Tochter hatte noch kein Bild für einen Rechtsanwalt, aber ein genaues Bild vom Wald.

Im Mittelhirn ist genau diese Logik auch bei einem erwachsenen Menschen wirksam. Wenn ein Kind zum Opfer wurde und der Täter damals ein grünes T-Shirt trug, können grüne T-Shirts im Erwachsenenalter ein Auslöser für Gefahr sein. Das limbische System erkennt nicht, dass ein anderer Mensch, der ein grünes Hemd trägt, friedliebend ist. Das jetzt erwachsene frühere Opfer sieht diesen Menschen und beginnt sich unerklärlich unwohl zu fühlen und Angstzustände zu bekommen. Das limbische System versetzt das frühere Opfer in Alarmbereitschaft, um die Voraussetzungen zu schaffen, schnell zu fliehen, anzugreifen oder zu erstarren.

Die Ereignisse im Gehirn werden nicht chronologisch, sondern nach Themen archiviert, und zwar nach Themen, die limbisch als gleich bewertet werden.

„Limbisch" gedacht ist das „grüne T-Shirt" gefährlich, egal zu welchem Zeitpunkt es auftaucht. „In der Luft hängen" ist existenziell bedrohlich, egal ob dieser Mensch neun oder 45 Jahre alt ist.

Eine junge Frau sitzt im Garten, sie hat den Tsunami in Thailand überlebt. Plötzlich, beim Kuchenessen, bekommt sie eine Panikattacke und rennt ins Haus. In ihrem limbischen Gehirn ist seit dem Tsunami abgespeichert, dass sie auf alles, was gefährlich werden könnte, reagieren muss. Was hat den Reiz ausgelöst? Irgendwann wird ihr klar, dass sie vom Rauschen der Blätter im Garten an die herannahende Welle erinnert wurde.

Nicht immer können wir rekonstruieren, was unser limbisches Alarmsystem aktiviert. Die Frau, die als Kind vergewaltigt wurde, hat keine bewusste Erinnerung daran, dass der Vergewaltiger ein grünes T-Shirt trug. Deshalb kann die Frau sich nicht erklären, wieso sie gerade einen Anflug von Panik erlebt, wenn ein harmloser Mitmensch an ihr vorbeiläuft und zufällig ein grünes T-Shirt trägt. Aber ihr Mittelhirn hat das nicht vergessen.

1.3 Unwillkürliche Reaktionen

Wir registrieren erst nach dem Zusammenstoß mit einem anderen Fahrrad und Flug über den Fahrradlenker, was passiert ist. Unser Gehirn hat unsere Körperkoordination so geschickt gesteuert und bewegt, so dass wir statt lauter Knochenbrüche nur kleine Schürfwunden haben. Jetzt im Anschluss an den Sturz rekonstruieren wir, wie wir geflogen sind und wie wir uns mit dem Arm schützten.

Das Wegziehen der Hand von einer heißen Herdplatte ist erwünscht, aber wenn Sie sehen, wie die Hand des Kindes den Haarbüschel wegreißt, werden Sie dies als unerwünscht erleben. Haben Sie die Hand vom Herd weggezogen, werden Sie anschließend kommentieren: „Ich habe mir die Hand verbrannt und deshalb die Hand weggezogen." Gleichzeitig ist aber klar, dass Sie die Hand schon weggezogen haben, bevor im bewussten Gehirn ankommt, dass die Gefahr einer Verbrennung bestand. Es ist ein Glück, dass Sie schneller reagieren konnten und zwar bevor Sie bewusst etwas gespürt haben. Würden Sie die Hand erst wegziehen, nachdem Sie mit Ihrem Großhirn die Hitze spüren, dann wäre diese längst schon verbrannt. Es ist überlebensnotwendig, dass wir ein Mittelhirn haben, das schneller reagieren kann, als wir denken können, indem es Handlungsanweisungen an die Muskulatur gibt, die wir erlernt haben. Eine unüberblickbare Vielzahl von Handlungsmustern haben wir gelernt, diese sind im Gehirn gespeichert und können automatisch aktiviert werden. „Hand wegziehen, wenn die Hand an der Herdplatte heiß wird", ist ein solches Handlungsmuster. Das Gehirn kommentiert nur, nachdem wir schon gehandelt haben. Bei der heißen Herdplatte ist das auch so gewollt.

Ungewollt ist es, wenn das Gehirn ein unerwünschtes Handlungsmuster, z.B. „Anschreien" aktiviert, mit dem gleichzeitig die eigenen Werte verletzt werden. Ich gehe davon aus, es entspricht Ihrem Ideal, dass egal was passiert, Sie mit Ihrem Kind in einem sozial verträglichen Ton sprechen wollen, insbesondere dann, wenn noch nicht klar ist, was Ihr Kind gerade braucht.

Wir fühlen, wie wir schon damals fühlten, und reagieren, wie wir uns damals nicht trauten, nicht konnten oder durften. Deshalb können erwachsene Menschen Wutanfälle bekommen wie ein kleines Kind. Sie sind in diesem Augenblick mit ihrem Körper biologisch Erwachsene, in ihrem Erleben und ihren unwillkürlichen Reaktionen aber so alt wie ein sechs- oder elfjähriges Kind. Einem Kind entsprechend eingeschränkt sind auch die Reaktionsmöglichkeiten.

1.3.1 Die Ohren lang ziehen

Der harmlose Satz der Ehefrau: „Du hast mir nicht zugehört!", bewirkt bei Thomas Ablehnung, weil ihn eine dumpfe Angst und Druck überfällt. Weil Susanne dies gesagt hat, wird er sauer auf sie und verlässt den Raum, weil er seine Gefühle nicht aushalten kann.

Seine unangenehmen Gefühle kommen aus der Vergangenheit. Die Gefühle werden aktiviert, weil Susanne sagt, was er damals hörte und was zu einer Situation führte, die er als Kind schmerzhaft erlebte.

Tatsächlich fallen Thomas nach einiger Zeit drei Situationen aus seiner Kindheit ein, in denen jemand sagte: „Du hast nicht richtig zugehört." Während er diesen Satz hörte, wurde gleichzeitig heftig an seinem Ohr gezogen. Sein Großvater hob ihn am Ohr in die Höhe. Auch seine Lehrerin der ersten Klasse zog an seinem Ohr, weil er noch nicht mit dem Auspacken des Ranzen begonnen hatte, und seine Mutter tat das Gleiche, wenn er später nach Hause kam, als sie erwartet hatte. Alle drei Personen zogen an seinem Ohr, während sie diesen Satz zu ihm sagten.

Sein limbisches System hat die Schallwellen des obigen Satzes mit diesem ihn demütigenden heftigen Schmerz verbunden. Als seine Frau Susanne ahnungslos den gleichen Satz wiederholt, veranlasst sein limbisches Warnsystem Abwehr und Anspannung in seiner Körpermuskulatur.

Die Gefühlsüberflutung geschieht, bevor Thomas die Bedeutung des Satzes bewusst erfasst hat. Damals war er als Kind hilflos und konnte sich nicht wehren. Seine Wut gilt eigentlich dem Großvater, der Lehrerin und der Mutter.

1.3.2 Auslöser für unwillkürliches Fühlen

Der obige Satz, der die unwillkürliche Reaktion auslöst, wird „Trigger" genannt. Ein Trigger belebt gefühlsmäßig eine vergangene schmerzliche Situation. Das grüne T-Shirt und das Rauschen des Windes sind somit auch Trigger. Was damals verletzend war, wird von dem Betroffenen wahrgenommen, als ob es im Jetzt passiert. Der Betroffene wird zu der Person, die er damals war – hilflos und ausgeliefert. Obwohl er jetzt in Sicherheit ist, kann er sich gefühlsmäßig nicht schützen. Die Gefühle von damals überfluten ihn. Seine Körperkoordination ist in der Abwehrhaltung von damals. Auch seine Weltsicht gleicht wieder der von damals.

Das Mittelhirn hat die Aufgabe zu erinnern, wann eigene Bedürfnisse nicht erfüllt wurden. Diese Lebenserfahrung steht zur Verfügung, um schnell vorbereitet zu sein und reagieren zu können.

In dem obigen Fall von Thomas geht es um seinen körperlichen Schutz. Das limbische System beurteilt nicht, dass Susanne bisher friedliebend ist. Es differenziert nicht, sondern sortiert in Gut und Böse, was schadet und was schützt, entsprechend aller Vorerfahrungen. In der limbischen Logik heißt das: „Sie hat einen Satz gesagt, der mit einer schmerzenden bildhaften Erfahrung verknüpft ist. Jetzt heißt es aufgepasst." Deshalb wird die Begegnung mit seiner Frau eingefärbt mit den Gefahr signalisierenden Gefühlen von damals. Letztlich reagieren wir auf das Außen, als ob wir in einen Spiegel schauen und auf uns selbst reagieren.

Dieses Denken ist mir aus der Homöopathie bekannt. Rajan Shankaran, ein indischer Homöopath, vertritt den Lehrsatz: „Alles was wir im Außen wahrnehmen, sind wir selber!"

Auch Marshall Rosenberg sagt: „Die Ursache unserer Gefühle liegt nicht im Außen. Das Außen ist der Anlass. Die Ursache liegt in unseren Urteilen."

Die obige Darstellung zeigt nun, dass unsere Urteile die Folge unserer Gefühle sind. Erst sind die Gefühle unserer Lebenserfahrung da und dann kommentieren wir mit unserer Großhirnrinde.

Thomas sagt sich, dass Susanne rücksichtslos und unverschämt sei. Mit diesen Kommentaren erklärt und bestätigt er seine Gefühle.

Leider haben wir gelernt so zu kommentieren, dass wir dem Auslöser die Schuld geben. Die Gewaltfreie Kommunikation lehrt nun, Verantwortung für die eigenen Gefühle zu übernehmen und diese nicht mehr der Frau anzulasten. Dies kann geschehen, indem Thomas seiner Frau seine Bedürfnisse mitteilt: „Wenn du sagst, ich höre nicht zu, dann werde ich ärgerlich, weil ich denke, du solltest nicht so mit mir reden. Mein Ärger ist entstanden, weil ich traurig wurde und unerklärliche Angst bekam, als ich deinen Satz hörte. Ich brauche Akzeptanz von dir, was sich für mich erfüllen würde, wenn du grundsätzlich davon ausgehst, dass ich dir zuhöre. Kannst du mir sagen, was du von mir hörst?"

Ehrlich? Können Sie so sprechen, wenn Sie erregt sind und den Impuls haben, Türen knallend den Raum zu verlassen? Es braucht Jahre der Übung von Achtsamkeit, um einen solchen Satz ruhig über die Lippen zu bringen.

Unsere Kinder wären längst erwachsen, bis wir die Selbstbeherrschung unserer zerstörerischen Impulse praktizieren könnten. Wenn Eltern statt ihrer aggressiven Gefühle und Impulse von sich Geduld fordern, dann werden einige Eltern, unserer Kultur entsprechend, sich selbst abwerten und können depressiv werden mit der Haltung: „Es hat doch alles keinen Sinn. Ich lerne das nie!"

1.4 Veränderung ist möglich

Meine zerstörerischen Impulse zu beherrschen, war ein Weg, der für mich nicht zum Erfolg führte. Das habe ich monatelang praktiziert und bin gescheitert. Die ersten Schritte der Veränderung, die ich gegangen bin, werden auch in vielen Elternratgebern empfohlen: Innehalten, bis zehn zählen, tief durchatmen.

Manchmal habe ich, wenn der Impuls zum Schlagen oder Schreien auftrat, laut in meine Hände geklatscht. Ich konnte mit diesem Klatschen das Muster des Zuschlagens unterbrechen. Zuvor lief mein Schlagen der Kinder automatisiert ab und hat mich anschließend mit Entsetzen und Scham erfüllt. Es brauchte zum Leidwesen meiner Kinder ungezählte Monate, bis ich verlässlich nicht mehr den Impuls des Zuschlagens umsetzte. Es gab viele Rückschläge und es tröstet mich heute, dass dies „Ehrenrunden" waren, so wie es Gunther Schmidt[2] formuliert: Ehrenrunde bedeutet, dass wir zwar neue Verhaltensmuster lernen können und trotzdem automatisiert eine zeitlang die unerwünschten noch anwenden. Um sich den Veränderungs-Mut zu erhalten, ist hier eine liebevolle Einstellung sich selbst gegenüber wichtig: „Ich bin in Ordnung, wenn ich ein neu gelerntes erwünschtes Verhalten nicht gleich hundertprozentig anwende und bin es auch, wenn ich alte Verhaltensmuster unwillkürlich aktiviere."

Irgendwann versuchte ich meine unwillentlichen gewaltvollen Impulse zu akzeptieren statt zu beherrschen. Ich gewann die Haltung: Die Impulse sind in Ordnung, sie kommen aus meiner früheren Welt. Die aggressiven Handlungen gegenüber meinen Kindern müssen unterbleiben. Ich ging davon aus, dass die Impulse sich reduzieren werden, wenn ich mir Empathie für meine vergangenen Verletzungen gebe. Als Kind hätte ich Zuwendung gebraucht und habe sie nicht bekommen.

Empathie kann verletzte alte Gefühle heilen, indem sie wahrgenommen werden und das Kind gewürdigt wird für seine Sichtweise. Ich brachte meinem verletzten Kind Empathie entgegen, jedes Mal, wenn ich ausflippte. Mit der Zeit traten die aggressiven Impulse immer seltener auf. Ich möchte ergänzen, dass nicht nur mein inneres Kind, sondern auch meine eigenen Kinder Empathie erhielten, wenn ich mich beruhigt hatte. Langsam begann mein Wesen größere Gelassenheit zu atmen, die nichts mit Selbstbeherrschung zu tun hat. Die Kinder waren weiterhin lebendig und ich konnte vielen Situationen mit zunehmendem Humor begegnen. Sprang mein limbisches System unerwünscht an, dann wurde es zunehmend leichter für mich, dies als einen Hinweis zu sehen, dass eine frühere bedürftige Seite mich daran erinnert,

---

[2] Gunther Schmidt habe ich viel zu verdanken. Er vermittelte mir den Zugang zu einem hypnosystemischen Ansatz von Therapie und Beratung. G. Schmidt ist Gründer und Leiter des Milton Erickson Instituts in Heidelberg. www.meihei.de und www.systelios.de.

wie damals Bedürfnisse nicht geachtet waren. Diesen Hinweis kann ich bis heute dankbar annehmen und mich vergewissern, dass ich heute alt genug bin, um für mich selbst ausreichend zu sorgen, was mir damals als Kind aufgrund meines Alters noch nicht möglich war.

Ich übernahm folglich für meine aggressiven Impulse Verantwortung. Ich sagte meinen Kindern in einer ruhigen Minute, dass es wichtig ist, dass sie sich schützen können, wenn ich sie anschreie, indem sie sich vorstellen, wie sie einen unsichtbaren Schutz haben. Jeder entwickelte auf eigene Art seine Vorstellung. Letztens zitierte eine Mutter ihren Sohn mit den Worten: „Mama, das mache ich sowieso, ich sitze in einer Raumkapsel, wenn du brüllst. Ich höre dich von weit entfernt, während ich durch das Weltall rase. Hast du dich beruhigt, dann lande ich wieder." Meine Kinder haben sich einen Schutz vorgestellt wie einen Lichtvorhang oder ein Schild. Dieser Schutz sollte bewirken, dass alle meine lauten und verletzenden Worte nicht mehr zu ihnen durchdringen dürfen. Sie sollten sich unter ihrem Schutz erinnern, wie sehr ich sie liebe und dass sie für mich die wichtigsten und wertvollsten Menschen auf Erden sind.

Ich sagte ihnen: „Ihr seid Menschen mit einem eigenen Willen. Es ist auch völlig in Ordnung, dass ihr eine andere Sichtweise habt. Meine Art der Explosion habe ich gelernt. Es gibt Mütter und Väter, die bei Meinungsverschiedenheiten gelassen reagieren können und ich wünsche mir sehr, dass ich es auch lerne. Dafür gehe ich auf Fortbildungen und lerne, die Fähigkeit zu entwickeln, auch in der Wut euch Kindern respektvoll zu begegnen."

1.4.1 Wenn wir weiter „versagen"

„Ich bin schutzlos"

Wir sitzen mit Freunden zusammen beim Mittagessen. Während ich esse, legt der anhängliche und gutmütige Hund der Freunde schnuppernd seine Schnauze zwischen meine Beine auf meinen Stuhl. Ich frage den Besitzer, ob er den Hund wegnehmen könnte und höre von ihm: „Nein!" Ich merke **ES** erst vor der Haustür. Ich hatte gesagt: „O.K., dann gehe ich jetzt!", stand auf und ging. Es passierte ohne meinen Willen, dass ich das Haus verlassen habe.

Was war hier passiert? Ich bin erstaunt über meine abrupte Reaktion. Ich erinnere mich nur kurze Zeit später an das aufsteigende Angst- und Wutgefühl, noch immer klopft mein Herz. Dieses Nein auf meine Bitte um Hilfe war für mich auch jetzt im Rückblick völlig in Ordnung. Der Hund ist mir bekannt als gutmütiger Lebensgefährte. Mein Mittelhirn hat die Situation aber anders eingeschätzt. Verbunden mit meiner noch aufgeregten Körperempfindung steigt in mir eine Erinnerung auf:

Mit etwa fünf Jahren begleite ich meine gleich alte Cousine beim Ausführen des Familienhundes. Auf dem Spaziergang verbeißt sich der Hund in einen anderen. Meine Cousine versucht erfolglos den eigenen Hund wegzuziehen. Ich sehe Blut fließen und meine Cousine zwischen den beiden Hunden. Schreiend renne ich nach Hause, um Hilfe zu holen, die ich aber nicht rechtzeitig bekomme. Weinend mit einem blutenden Hund kommt meine Cousine nach Hause.

Wahrscheinlich ist dieses Erlebnis im Standby-Modus in meinem limbischen Gehirn als Bild gespeichert: „Hunde können unberechenbar zubeißen und dann bist du hilflos!" Auf meine Frage um Hilfe hat das Nein des Hundebesitzers mein unwillkürliches System aktiviert. Wie eine Fünfjährige geriet ich in Panik, weil ich mich ungeschützt wähnte.

„Wieso kannst du dich nicht ein wenig beherrschen? Du hast dich wie ein kleines Kind verhalten", fragt mich später meine 16-jährige Tochter, die sich über mein plötzliches Aufstehen und Weggehen wundert. „Mein limbisches System war schneller und effektiver als mein Wille", versuche ich ihr zu vermitteln, was bei ihr nur ein müdes Augenverdrehen bewirkt.

Menschen „spinnen", die nicht vernünftig, der Situation angemessen reagieren. Wer kann schon verstehen, dass das Mittelhirn uns in Situationen bringen kann, in der ein unwillkürlicher Teil unserer Person die Führung übernimmt. Dieser Teil lebt in einer anderen Welt und ist tatsächlich fünf Jahre alt und völlig hilflos.

In unserer Kultur kann ich für ein solches Verhalten Verständnis bekommen, wenn ich sage, ich bin in letzter Zeit etwas übermüdet und gereizt. Auf der Schiene der Krankheit wird Verständnis entgegengebracht. Derjenige spinnt, der limbisch reagiert, weil er sich in seinem Film der Vergangenheit befindet. Die Reaktionen und Handlungen sind in der entsprechenden Welt angemessen, es sind aber Begegnungen zwischen verschiedenen Welten.

Die Person, die die Reaktion ausgelöst hat, fragt sich, ob bei ihm etwas nicht in Ordnung sei, um sich vernünftig zu erklären, was diese Reaktion ausgelöst hat. Unser Bekannter hat sich die Freiheit genommen, Nein zu sagen, weil er in der Situation keine Gefahr erkennen konnte. Hätte er das fünfjährige Mädchen sehen können und deren Not erkannt, wäre er der erste, der ihr helfend zur Seite stehen würde.

Offensichtlich unvernünftiges Verhalten führt in unserer Kultur leicht zu Abwertungen der eigenen oder anderen Person. Ich möchte hier um das Verständnis werben, dass jeder Mensch sich in einem Kosmos bewegt, der in sich stimmig ist. Neugier statt Verurteilung hilft die Welt des anderen zu entdecken.

Ich habe übrigens meinem ungeschützten inneren Kind in meiner Vorstellung einen Schutz zur Seite gestellt. In einer ähnlichen zukünftigen Situation kann dieses darauf vertrauen, dass ich mir als erwachsener Mensch helfen kann.

Ich selbst kenne noch weitere Auslöser, wo eine Kleinigkeit reicht, dass ich an die Decke gehe. Es ist egal, wie sehr ich mich anstrenge und versuche, mich zu beherrschen, gelassen und ruhig zu bleiben. Optimale Voraussetzungen für mein Gehirn zu schaffen, damit es Zugang hat zu allen meinen Stärken, ist mir auch heute noch fast unmöglich. Unwillkürlich passiert **ES**. Ich schreie oder sitze wie von selbst mit angespanntem Körper vor meinem Problem und werde von Minute zu Minute hilfloser. Ein Auslöser ist zum Beispiel der Moment, wo ich das Update für mein Abrechnungsprogramm auf den Computer lade. Ich phantasiere, alle Daten können unbeeinflussbar verschwinden und nichts geht mehr auf diesem Bildschirm. Wenn dann ein Kind mit einer alltäglichen Frage meine Hilfe benötigt, reagiere ich so, als ob es mich bittet, ihm 100 Euro zu spendieren. Da meine Kinder meine Auslöser kennen, gehen sie mir in diesen Momenten aus dem Weg und organisieren ihr Leben allein. Ich selbst habe gelernt, liebevoll und wertschätzend meine Ausreißer zu kommentieren. Bis dahin war es ein langer Weg.

1.4.2 Selbstanklage oder -annahme

Ich erinnere mich, dass ich mir meine Fehler erbarmungslos anklagend vorgeworfen habe. Das hörte sich dann so an: „Mensch, du Idiot, was stellst du dich wieder bescheuert an, du bist wirklich ein schlechtes Vorbild für deine Kinder mit deinen Gefühlsausbrüchen. Kannst du dich nicht mal zusammenreißen?"

Eltern beobachten, dass sie in Situationen emotional verletzt reagieren oder wütend werden, die sich ähneln. Andere Eltern strengen sich an, wenn sie sich völlig entgegen ihren eigenen Vorstellungen verhalten. Sie vermuten, sie könnten mit Anstrengung die unwillkürlichen Prozesse von Wut und Kränkung in den Griff bekommen und steuern. Da unwillkürliches Reagieren schneller ist als alle willkürlichen Absichten, ist dies unmöglich. Eltern sagen sich: „Das mit der GFK ist zwar einleuchtend, aber ich bin zu blöd dafür oder eine Ausnahme, bei der es nicht funktioniert." Die Enttäuschung ist für Eltern riesig, nachdem die ersten Erfolge mit GFK hinter ihnen liegen, wenn es dann zu diesen Vulkanausbrüchen kommt.

Das unwillkürliche Muster ist im Gehirn gespeichert, es kann nicht gelöscht werden und auch nicht willkürlich unterdrückt werden. Genauso kann man das gelernte Wissen „Fahrrad fahren" nicht mehr verlernen, es sei denn, Gehirnsubstanz wird zerstört: „Einmal gelernt, immer gelernt." Das unwillkürliche Muster ist ein Hinweis auf ein unerfülltes Bedürfnis. Es meldet sich unwillkürlich und ist gut gemeint, ein Film aus einer längst vergangenen Situation, in der Bedürfnisse nicht erfüllt waren. Es soll als Erinnerung ein Hinweis sein, jetzt achtsam und gut für sich sorgen zu können.

Wir können bei Wiederholung von unerwünschtem eigenen Verhalten die Bedeutung geben, dass wir unfähig sind, und eine Bewertung abgeben, eine schlechte Mutter oder Vater zu sein. Dies sind wir dann tröstlicherweise nicht als ganzer Mensch. Denn es ist ja eine Seite, die uns beschimpft und eine andere in uns, die beschimpft wird. Die abwertende Seite in uns hat die große Sehnsucht, das unannehmbare Verhalten wäre nicht passiert. Sie sehnt sich danach, es wäre doch alles schon gut und wir könnten alles schon erreicht haben, was uns wichtig ist. Statt die schimpfende Seite nun wiederum zu beschimpfen, könnten wir ihre Sehnsucht anerkennen und sie um Geduld bitten.

Statt Selbstbeschimpfung haben wir aber auch die Freiheit, unserem sogenannten Fehlverhalten eine andere Bedeutung zu geben, zum Beispiel die folgende: „Meine Impulse sind so heftig, weil ich noch nicht genügend für mich sorgen konnte in der Situation. Das ermutigt mich, genau nach mir zu schauen. Was brauche ich? Vielleicht als erstes Abstand und Unterstützung?" Wenn ich mein unerfülltes Bedürfnis nicht finde, dann könnte ich dem Rückfall auch die Bedeutung geben:

„Er erinnert mich daran, dass früher irgendwas gefährlich war, jetzt aber bin ich erwachsen, wie schon damals ein liebenswerter Mensch, der sich heute Hilfe holen kann. Früher war ich vielleicht ausgeliefert, ich kann mich daran freuen, dass ich heute in Sicherheit bin." Wenn sich dann die Selbstliebe wieder ausbreitet, können wir uns erinnern, dass wir grundsätzlich die richtige Mutter oder der richtige Vater sind. Niemand kann uns gleichwertig ersetzen.

1.4.3 Mit den Kindern bedauern

Dem angerichteten Schaden an unseren Kindern können wir die Bedeutung geben: „Das waren eben unerwünschte Trainingseinheiten für eine Welt mit Herausforderungen." Nie möchte ich in dem Sinne verstanden werden, dass Eltern dieses Training absichtlich ihren Kindern auferlegen sollen, aber ich weiß, es kann passieren. Dann ist dringend notwendig, dem Kind zu vermitteln, was wir bedauern, und wir beginnen ein empathisches Gespräch, das sich so anhören kann:

„Gestern habe ich für dich unerwartet losgebrüllt. Bist du noch immer erschrocken, weil du ganz vertieft in deinem Buch gelesen hast? Warst du erstaunt, weil für dich die Welt in Ordnung war, während ich den Schlüsseldienst beauftragen musste, weil mir die Tür zur Wohnung zuschlug, während du das Klingeln nicht hörtest? Bist du enttäuscht, weil wir uns versprochen haben, dass wir uns in der Wut nicht mehr anschreien oder schlagen? Wir hatten vereinbart, dass wir in der Wut uns erinnern wollen, dass der andere Mensch Respekt und Achtung verdient. Als mir dann die Hand ausrutschte, warst du da ganz hilflos, weil du dich darauf verlassen hast, dass Schläge nicht mehr vorkommen? – Ich bedauere zutiefst, was geschehen ist, ich hätte gern auf meine Fähigkeiten zurückgreifen wollen, in angespannten Situationen respektvoll zu bleiben. Ich möchte mein Versprechen an dich erneuern, du verdienst in jeder Situation Achtung und Respekt."

Das Vertrauen der Kinder ist groß. Unsere Kinder kamen auf die Idee, dass sie „Rastapopoulos[3]"schreien, wenn ich sie wieder bedrohte. Dies ist der Name einer bekannten Person aus dem Comic „Tim und Struppi". Mir hat ihr Rufen geholfen, ich konnte mein altes Muster des Schlagens unterbrechen und schließlich verlor sich auch der Impuls zum Schlagen.

Als die Kinder älter wurden, konnte ich ihnen erklären, dass diese aggressiven Impulse aus meiner Kindheit kommen und gar nicht ihnen gelten. Ich habe die Erfahrung gemacht, dass meine Kinder solche Zusammenhänge und Erklärungen nicht sonderlich interessierte. Sie wollten wahrgenommen, akzeptiert werden und wollten

---

[3] Hergé: *Tim und Struppi. Tim und der Haifischsee.* Hamburg ⁶2006. S. 28: „Halb verrückt vor Wut sperrt Rastapopoulos die zwei armen Kinder in einen dunklen Keller ..."

auch, dass ich stolz auf sie sein kann. Sie vertrauten selbstverständlich darauf, dass ich lerne, mit dem Schlagen aufzuhören und sie gingen davon aus, dass ich es gut mit ihnen meine.

Ich erinnerte mich, dass ich mich als Kind auch nicht dafür interessierte, wenn meine Mutter, geboren 1932, anfing, von ihren schrecklichen Erlebnissen im Krieg zu erzählen. Erst als ich erwachsen war, konnte ich es mir anhören und erstaunt wahrnehmen, was sie alles durchgemacht hat. Als erwachsene Person habe ich Verständnis entwickelt für ihre aggressiven Ausbrüche mir gegenüber. Ich war das Kind einer Mutter, die schreckliche Erlebnisse in ihrer Jugend durchlebte. Heute kenne ich mindestens fünf solcher Schreckenserlebnisse aus ihrer Kindheit:

- Sie saß mit ihren Geschwistern in einem vom Vater selbst gebauten Erdbunker und über ihnen brannte eine Phosphorbombe. Sie konnten erst fliehen, als jemand sie ausbuddelte.
- Sie fuhr mit ihrer Schwester mit dem Fahrrad über ein Feld zur Schule und ein feindlicher Flugzeugpilot versuchte gezielt, die beiden mit seiner Bordkanone zu treffen. Sie konnten sich unter einem Bahndamm verstecken.
- Bei einem Schulausflug brannte der See, weil Phosphorbomben auf ihn abgeworfen wurden. Die Schüler fanden unzureichenden Schutz in den Umkleidekabinen aus Holz.
- Von den Geschichten mit den Russen, die in Berlin einmarschierten, habe ich nur Andeutungen gehört. Es wurde darüber nicht mehr gesprochen.
- Sie fand mit 14 Jahren die Todesmeldung von ihrem bis heute bewunderten Vater im Briefkasten – ein Brief von der Weltkriegsfront.

Ich verstehe heute, dass ihr zumeist unerwartetes Gebrüll und ihre Schläge Folgen ihrer Impulse waren, die zu Erlebnissen gehörten, die sie im Krieg hatte. In der Traumaforschung ist bekannt, dass manche Menschen, die Gewalt erlebt haben, in harmlosen Situationen mit „Impulsdurchbrüchen" reagieren können. Diese Erklärung habe ich als kleines Kind nicht bekommen und hätte sie damals auch nicht verstanden. Wer hätte sie mir auch geben können? Ich dachte, dass ich nicht in Ordnung bin.

Der Schreck über die unerwarteten Impulse meiner Mutter sind gespeichert in meinem limbischen System und sie wurden durch meine sehr lebhaften und gesunden Kinder häufig aktiviert. In den ersten Jahren habe ich geschrien und geschlagen. Es brauchte mehrere Jahre, um meinem inneren kleinen Kind in allen gespeicherten Situationen die Empathie zu geben, die es damals dringend gebraucht hätte. Meine persönliche Erfahrung ist, dass mein gespeicherter Schmerz heilen konnte, wie eine Wunde, die langsam vernarbt. Ich möchte hier nicht den Anspruch erheben, dass dies bei jedem Menschen so abläuft. Jeder Mensch ist einzigartig mit einer einzigartigen Geschichte und einem einzigartigen Umgang mit seiner Geschichte.

1.4.4 Grenzen der Selbstheilung

Ich selbst bin „nur" geschlagen worden, ich habe keinen sexuellen Missbrauch erlebt oder andere Ereignisse, die mein Leben existenziell bedrohen. Mein Großvater wollte mal, dass ich mit meiner Zunge seine berühre. Angeekelt erzählte ich das meiner Mutter, die wie eine Hyäne sich auf meinen Großvater stürzte und ihn aus dem Haus warf. Eine andere Szene: Die Direktorin gab mir eine Ohrfeige, meine Mutter ging sofort in die Schule und stellte in meiner Anwesenheit mit Löwengebrüll klar, dass sie es niemals mehr wagen dürfte, mich zu schlagen. Ich fühlte mich beschützt. Ich lebte in den ersten Jahren eingebunden in den Kontext einer Großfamilie. Zwei Omas vermittelten mir bedingungslose Liebe. Meine Oma Hildegard sagte wiederholt, dass ich ihre Lieblingsenkelin sei. Erst erwachsen registrierte ich, dass ich ihre einzige Enkelin war. Eine Nachbarin war die liebe Frau Pecha, die immer strahlte, wenn sie mich sah, und mit Worten liebkoste. Bei allem, was ich erlebte, habe ich Grundfesten erhalten – Elisabeth Kübler-Ross sagte mir in diesem Zusammenhang einmal: „Um zu überleben, braucht man nur einen Menschen, der einen bedingungslos liebt."

Wenn Sie eigene Grundfesten nicht erhalten haben, möchte ich Sie bitten, den hier vorgestellten Weg der Heilung nicht allein zu gehen, sondern therapeutische Begleitung in Anspruch zu nehmen. Ein Therapeut, der eine Traumaausbildung absolviert hat, ist geschult, die heftigen Gefühle von damals zu begleiten, sie in der Lebensgeschichte zu integrieren und Sie Techniken zu lehren, mit denen Sie sich von diesen Gefühlen distanzieren können.

Ansprechen möchte ich jene Mütter oder Väter, die in ihrer Vergangenheit „normale" in unserer Kultur übliche Verletzungen von Abwertung, Beschämung und Strafe erlebten und diese noch nicht integrieren konnten. Diese Eltern wissen zumindest, dass sie grundsätzlich in dieser Welt willkommen sind.

1.4.5 Die Wirklichkeit, die wir uns erschaffen

Ich gehe von der Annahme aus: In der Seele ist immer Jetzt. Das was ich Seele nenne, ist die Summe aller Erlebnisse, die uns zu dem macht, was wir heute sind. Der eigene Erlebnisraum entsteht in jedem Augenblick neu, entsprechend dem, worauf wir unsere Aufmerksamkeit richten. In der Seele kann in dem Augenblick, wo Sie das Haarbüschel des Kindes in der Hand seines Bruders sehen, eine Wirklichkeit entstehen, in der ein Teil von Ihnen einen Schmerz wieder erlebt, den Sie von früher kennen. Dieser Schmerz wird erneut erlebt, als ob gestern jetzt ist. Auf Ihrer persönlichen Zeitlinie liegt der zugefügte Schmerz oder Konflikt ungelöst in der Vergangenheit. Wenn **ES** passiert, erleben Sie mit einem Teil von Ihnen emotional noch einmal das Vergangene unbewusst so, als ob es jetzt gerade passiert. In diesem Augenblick können Sie zu einer anderen Person werden, die jünger ist und mit den begrenzten Mitteln eines zum Beispiel Dreijährigen reagiert. Äußerlich sind Sie die erwachsene Mutter. In Ihrem Erlebnisraum sind Sie vielleicht drei oder fünf Jahre alt oder eine zornige Jugendliche, die in ihrer Autonomie eingeschränkt wird, und dementsprechend reagieren Sie.

Wenn Sie in unserer mitteleuropäischen Kultur aufgewachsen sind, interpretieren Sie mit Ihrem bewussten Denken das Haarbüschel als die Ursache für Ihren Zorn. Sie geben dem Kind die Schuld für Ihre Wut. Haben Sie die Gewaltfreie Kommunikation kennengelernt, dann wissen Sie schon, dass die ausgerissenen Haare der Auslöser für Ihren Zorn sind und Sie selbst den Zorn entstehen lassen durch Ihre Gedanken von: „So sollte er nicht mit seinem Bruder umgehen" und durch die Urteile, die Sie im Kopf haben: „Er ist rücksichtslos und brutal." Doch auch diese Sichtweise erklärt noch nicht, wieso **ES** geschieht. **ES** ist längst passiert und zwar zeitlich bevor Ihre Großhirnrinde mit dem Denken beginnen kann. **ES** handelt schneller als die langsame Großhirnrinde kommentieren kann.

Übertragen auf unser weiter oben angeführtes Beispiel bedeutet das:

Nachdem Andrea die Telefonanrufe nicht beantwortet, erlebt Daniel
- im Inneren das Bild, wie Andrea den Hörer nicht abhebt;
- die Gefühle Wut und Panik;
- die Körperempfindung: „… als ob jemand eine Schnur über der Brust zusammenzieht";
- er erlebt, wie er flach atmet und die Schultern hochzieht;
- wenn er darüber nachdenkt, hört er sich über das Außen sagen: „Sie lässt mich in der Luft hängen!";
- und über sich selbst sagt er: „Ich bin ganz ohnmächtig und der Situation hilflos ausgeliefert."

Wir wissen bereits, dass Daniel mit neun Jahren tatsächlich hilflos ausgeliefert in der Luft hing. Damals hat er das erschreckende Erleben im limbischen Gehirn nach den genannten Kriterien wie in einem Paket abgespeichert: Gefühl, Körperempfinden, Körperkoordination, Bild und die Aussage über das Außen und sich selbst. Der Gedanke und somit das Bild: „Ich hänge in der Luft" ist im limbischen Gehirn ein Auslöser, das gesamte Paket mit sämtlichen Inhalten von damals auszupacken. Das alles geschieht unbewusst unwillkürlich. Die Verknüpfung zum Bewusstsein über den Inhalt besteht nicht, sonst könnte Daniel ja wissen, wieso er so irrational reagiert. Irrational bedeutet in diesem Zusammenhang, dass das bewusste Ich mit seinem logischen Denken die Wut und Panik nicht nachvollziehen kann.

Im logischen Denken besteht die Wahrnehmung, dass die Freundin sich nicht meldet und die Schlussfolgerung ist: „Na und? Was soll's? Was soll die Wut und die Panik, das ist doch kein existenzielles Problem, was soll die ganze Aufregung? Also bitte ganz ruhig, reiß dich mal zusammen!"

Im Mittelhirn ist durch das Bild „in der Luft hängen" das gesamte Erleben mit allen Einzelteilen präsent, als ob das Damalige jetzt gerade passiert. Die Seite des logischen Denkens meint, es sei, weil die Freundin nicht antwortet. – So ist das logische Denken. Es kommentiert kausal oder wie auf einer Linie, linear: „… weil A ist, dann folgt daraus B." Also in diesem Fall: „Weil Andrea nicht den Hörer abhebt, ist sie rücksichtslos und egoistisch. Weil ich mich so hilflos und ohnmächtig fühle, ist sie daran schuld und verdient es, dass ich sie links liegen lasse."

Das limbische Gehirn ist nicht linear und logisch, sondern es vernetzt Ereignisse unabhängig von der Zeit. Erleben im limbischen Gehirn ist eine Vernetzung vieler Ereignisse, die ähnlich bewertet werden und somit zu einem Paket werden. Innere und äußere Bilder werden einem Gefühl, einer Körperkoordination und im Körper einer Empfindung zugeordnet.

> **Zusammenfassung:**
> Unser limbisches System ist ein Frühwarnsystem für Gefahr. Es verknüpft das jetzige Erleben mit der Vergangenheit. Dieser Prozess läuft unwillkürlich schnell und außerhalb von unserem Denken ab. Wir sind im Jetzt, aber unser Erleben kann mit der Zeit von damals verkoppelt sein. Wir werden zu dem, der wir damals waren, haben die gleichen begrenzten Fähigkeiten eines vielleicht fünfjährigen Menschen, seine Reaktionsmuster, seine Emotionen entsprechend der damaligen Situation und die damit verbundene Körperkoordination. Geht es um Angst und Erschrecken, dann verkrampft sich unser Körper unwillkürlich und nimmt die damalige schützende Körperhaltung mit den angespannten und hochgezogenen Schultern ein. In unserem erwachsenen Körper steckend, reagieren wir mit den Fähigkeiten eines Fünfjährigen und wundern uns, was da gerade passiert.
>
> *Wie ist es bei Daniel?*
> Daniel erlebt bewusst Wut und Panik, als seine Freundin drei Tage nicht ans Telefon geht. Es sind die Emotionen eines Kindes, das in sechs Meter Höhe in der Luft hängt und aus Angst und Wut nie mehr die Freunde wiedersehen möchte.
>
> *Wie ist es bei Irene?*
> Irene schreit den Nachbarn an und zwar **bevor** sie irgendeine Überlegung anstellen kann. Sie hat reagiert, bevor ihr denkendes Gehirn Überlegungen anstellt, welche Urteile sie über den Nachbarn in ihrem Kopf hat. Der Nachbar sei ungerecht, ist ein Urteil, von dem Irene meint es sei entstanden, weil der Nachbar so nicht über die Kinder reden sollte. Dieses Urteil gilt ursprünglich dem eigenen Vater, der die Tochter anschreit. Das limbische Gehirn vergleicht abseits von unserem Bewusstsein mit diesem vergangenen Ereignis und signalisiert Gefahr mit den entsprechenden Impulsen für den Körper, der sich auf die Gefahr einstellt.

> Die Reihenfolge ist: Zuerst die emotionale Reaktion und dann folgt das Denken. Im Denken vollziehen wir nachträglich die Gründe unseres Handelns. Der andere ist der Auslöser für Wut und Angst und nicht deren Ursache. Die Ursache liegt in uns selbst begründet. Unser limbisches System hat im Sicherheitscheck die jetzige äußere Situation einem früheren Erleben zugeordnet und aktiviert sofort unwillkürliche automatische Reaktionsmuster, die uns damals als sinnvoll erschienen, um zu überleben. Auch wenn es logisch ist, dass diese Reaktion in unserem heutigen Leben nicht mehr angemessen ist, arbeitet das limbische System nach seiner Logik mit den alten Mustern weiter. Ziel ist es, das alte Erleben mit einem dem heutigen Leben angemessenen Reaktionsmuster zu verknüpfen. Es gibt einen vergangenen Kontext, in dem das unwillkürliche Verhalten angemessen und sinnvoll ist. Diese Erkenntnis hat mir geholfen, mir selbst und anderen Menschen gegenüber mit Wertschätzung zu begegnen. Jeder Mensch verhält sich „logisch" und zwar entsprechend der Welt, in der er sich gerade befindet.

Von jetzt ab gehe ich davon aus, dass Sie nachvollziehen können, dass es keine irrationalen Gefühle gibt. Wenn wir mit dem logischen Denken solche „irrationalen Gefühle" erleben, dann sind die Gefühle nicht dem Jetzt, sondern einem früheren Ereignis zuzuordnen.

Welche Situation kann das sein und wie kann die ursprüngliche Situation gefunden werden?

2. Fünf Schritte zum inneren verletzten Kind

Wenn wir uns in der Sprache der Gewaltfreien Kommunikation auskennen, wollen wir im Konflikt empathisch mit dem Kind reden. Wir wissen genau, wie wir reagieren wollen. Stattdessen reißen wir das Kind mit festem Griff am Arm und sind über uns entsetzt, wenn wir am Abend einen blauen Fleck am Oberarm des Kindes entdecken.

Wie wir jetzt wissen, entstehen die schnellen unwillkürlichen Reaktionen im Mittelhirn. Wenn wir nicht mit Sprache unser limbisches System zur Vernunft rufen können, es solle aufhören, Gefahren zu erkennen, wo keine mehr sind, wie können wir dann Einfluss gewinnen? Wie können wir das limbische System überzeugen, dass nicht alle Männer mit grünem T-Shirt Vergewaltiger sind, nicht jedes Bild „in der Luft zu hängen", tatsächlich bedeutet, in der Luft zu hängen?

Wie kann Irene eine Situation in ihrem Leben finden, zu der ihre Wut passt, die dazu führt, dass sie ungewollt ihren Nachbarn anschreit? – Irene erinnert sich an die fünf Schritte, die zu einer schwierigen Situation ihres Lebens führen, zu der diese Wut passen könnte.

1. Was ist jetzt gerade passiert? Was nehmen meine Sinne wahr?
2. Welches Gefühl wird dadurch bei mir ausgelöst?
3. Ich konzentriere mich auf eine Körperempfindung, die das Gefühl begleitet.
4. Ich denke an eine beliebige Geschichte von früher, wo ich noch Kind oder Jugendliche war.
5. Habe ich Empathie gebraucht, die ich nicht bekam? Ich gebe sie mir jetzt.

2.1 Schritt 1: Beobachtung

Die Beobachtung ist der erste Schritt in der GFK und ist es auch hier. Irene konzentriert sich auf die Situation, die sie mit ihrem Nachbarn im Hausflur des Wohnhauses wahrgenommen hat. Sie hört den Nachbarn sagen: „Die Kinder spielen im Flur."

2.2 Schritt 2: Gefühl

Die Gefühle entsprechen dem zweiten Schritt der GFK. Irene nimmt Wut wahr, die sie als Körperempfindung in ihrem Hals fühlen kann: Es ist möglich, die Stärke von Gefühlen zu messen, indem die Intensität an einem Maß von 0 bis 10 angegeben wird. 0 steht für „kein Gefühl" und bei 10 ist das Gefühl „so stark, dass es kaum ausgehalten wird". – Irene merkt, dass ihre Wut eine Intensität von 10 hat.

Mit ihrem rationalen Denken kommentiert sie, dass es wirklich übertrieben ist, so wütend zu werden. Sie schämt sich für diese Wut, weil sie ihrem Wert entsprechend gern ein freundlicher und gelassen ruhiger Mensch sein möchte. Außerdem hat sie Verständnis dafür, dass sich kinderlose Nachbarn über im Hausflur spielende Kinder ärgern können. Mit der Gewaltfreien Kommunikation vertraut, ist ihr auch klar, dass sie den Nachbarn als ungeduldig beurteilt. Wenn sie sich mit ihrem unerfüllten Bedürfnis verbindet, dann nimmt sie über ihre Enttäuschung wahr, dass ihr das Wohlergehen aller Menschen ein wichtiges Bedürfnis ist. Dieses kann sich nicht erfüllen, wenn sie erlebt, dass Nachbarn wiederholt unter der Geräuschkulisse der Kinder leiden. Wenn sie sich mit ihrem Bedürfnis verbindet und sich bewusst macht, was sie braucht in der Situation, kann sie sich beruhigen, denn ihr ist klar, dass sie nicht Verantwortung übernimmt für die Gefühle der Nachbarn. Sie möchte als Mutter die Verantwortung übernehmen, dass sie die Kinder anleitet, da zu spielen, wo der Lärm für Nachbarn erträglich bleibt. Ihr ist bewusst, dass es leichter ist, mit den Kindern an einen anderen Ort zum Spielen zu gehen, als dass die Nachbarn eine ruhige Wohnung finden, wenn die Kinder im Treppenhaus bleiben.

Sie merkt aber, wenn sie an die Worte des Nachbarn denkt, der schlicht sagt: „Die Kinder spielen im Flur!", wie unwillkürlich dann ihre Wut aufkommt und das, obwohl das Ereignis Tage zurückliegt.

Die Worte aktivieren ein Netzwerk im limbischen Gehirn, welches verbunden ist mit einem früheren Ereignis. Wie in der Gewaltfreien Kommunikation bekannt, sind die Worte nicht die Ursache für Irenes Wut, sondern der Auslöser. Diese Worte lösen einen automatischen Stimmungswechsel von Ruhe zu Wut aus, wie wenn mit einer Fernbedienung das Fernsehprogramm umgeschaltet wird. Es entsteht unwillkürlich ein Wutmuster, das sie jetzt verstehen möchte und beeinflussen will.

2.3 Schritt 3: Empfindung im Körper

Wenn wir ein Gefühl erleben, haben wir gleichzeitig eine Empfindung im Körper, und zwar hat jeder Mensch seine eigene. Manche Menschen fühlen eine Körperempfindung im Bauch, andere im Hals und wieder andere in der Brust oder in den Extremitäten.

Jeder Mensch hat sein eigenes Ordnungssystem. Mir ist nicht bekannt, nach welcher Logik die Empfindung im Körper geordnet wird. Ich möchte nicht ausschließen, dass es vielleicht auch eine Körperordnung der Empfindungen gibt.

Wo im Körper empfinden Sie Ihre Wut?

In meiner homöopathischen Ausbildung habe ich gelernt, dass diese Körperempfindungen bei jedem Menschen einen eigenen Ausdruck haben. So berichten Menschen von Empfindungen, die sich wie geschlagen oder verletzt anfühlen. Andere Menschen haben die Empfindung von verdreht und gleichzeitig auseinandergezogen, bei anderen ist es die Empfindung wie zugeschnürt, bei anderen ist es wie zerschmettert und andere haben die Empfindung, ein Stein liegt im Bauch oder ein Wirbelsturm tobt dort.

Wie ist die Empfindung bei Ihnen?

Wenn ich Sie frage, dann deshalb, um Ihre Aufmerksamkeit genau auf den Ort und den Charakter Ihrer Empfindung zu lenken. Das sind wir normalerweise nicht gewohnt und es braucht ein wenig Geduld und Bewusstsein. Jeder Mensch empfindet Gefühle seelisch und zusätzlich eingraviert auf seine individuelle Art in seinem Körper. Bei unangenehmen Gefühlen werden die Körperempfindungen als belastend und schmerzhaft erlebt – aus diesem Grund tendieren wir dazu, diese Körperempfindungen möglichst nicht spüren zu wollen.

Irene nimmt ihre Wut wahr und richtet ihre gesamte Aufmerksamkeit konzentriert auf die begleitende Körperempfindung im Hals. Es steckt ein Kloß in ihrem Hals. Nur noch dieser Kloß ist jetzt wichtig, der Auslöser spielt keine Rolle mehr für den nächsten Schritt.

2.4 Schritt 4: Sich etwas einfallen lassen

Es ist hier wichtig, dem Verstand mitzuteilen, dass er gedanklich spazieren gehen kann, wohin er will. Das logische Denken hat nicht die Aufgabe, eine entsprechende Situation zu finden – damit wäre es überfordert. Es kann neugierig abwarten und sich darauf freuen, welche Erinnerung jetzt aus dem Unbewussten als erste auftaucht. Sie fällt ihm im wahrsten Sinne des Wortes ein. Diese Erinnerung ist in Ordnung, auch wenn der Verstand nicht gleich begreift, was denn diese Erinnerung mit der Wut zu tun hat. Das Unbewusste schickt meiner Erfahrung nach die richtige Erinnerung. Auch wenn Eltern sich zunächst wundern, welche Erinnerung auftaucht und im ersten Augenblick sagen, das habe mit dem Ganzen nichts zu tun, ist es immer wieder überraschend, wieso gerade diese Erinnerung genau die richtige ist.

Meine Erfahrung mit vielen Menschen zeigt mir, dass es Sinn macht, zu betrachten, was als erstes erinnert wird. Wahrscheinlich enthält diese erinnerte Begebenheit Aspekte, die der jetzigen Situation ähneln. Der Mandelkern sagt im übertragenen Sinn: „Damals warst du wütend und jetzt erlebst du die Wut wieder. Pass auf dich auf, das ist wohl ähnlich wie damals! Deine Bedürfnisse werden hier bedroht, du bist schon mal gut gewarnt, um dich in Sicherheit zu bringen, anzugreifen oder dich tot zu stellen."

Irene denkt jetzt an ihre Kindheit oder Jugendzeit und erinnert sich an folgende Begebenheit, als sie etwa sechs Jahre alt ist:

> „Mir fällt am Tisch ein Glas um, mein Vater fängt an zu schimpfen."

Irene weiß, dass dieses sechsjährige Mädchen im nächsten Schritt Empathie braucht. Sie weiß, dass sie damals sehr erschrocken war, denn sie wollte es dem Vater recht machen, um seine Liebe zu behalten.

Sie kennt dieses sechsjährige Mädchen sehr gut, denn sie ist selbst dieses Mädchen vor vielen Jahren gewesen. In der Erinnerung kann sie noch genau fühlen, wie sie erschrak, als der Vater anfing zu schimpfen. In ihrem Erleben ist das so, als würde das von damals genau jetzt passieren.

2.5 Schritt 5: Empathie fürs Kind

Irene ist die geeignetste Person, da sie jetzt erwachsen ist, die der Sechsjährigen Empathie geben kann. Sie stellt sich also vor, sie sei wieder die kleine sechsjährige Irene genau in der damaligen Situation. In der inneren Vorstellung taucht jetzt zusätzlich die heutige erwachsene Irene auf, die viel mehr Lebenserfahrung hat, als ein kleines sechsjähriges Mädchen. Die damalige Situation wird erneut erlebt. Es gibt nur den einen Unterschied: Jetzt taucht zusätzlich die erwachsene Irene mit all ihrer Lebenserfahrung auf.

Die Erwachsene gibt der jüngeren Irene Empathie und sie vermittelt zwischen ihr und dem Vater. Der Vater kennt noch nicht die Schönheit der Empathie. Der Vater lebt noch in der Welt, in der man davon überzeugt ist, dass Ermahnung kleinen Kindern hilft, zu einem verantwortungsbewussten Menschen heranzuwachsen.

Zum Verständnis des Lesers: Die erwachsene Irene wird mit E. abgekürzt, das sechsjährige Kind mit K. und der Vater mit V. Der gesamte Dialog findet mit der Vorstellungskraft von Irene in ihrem inneren Erleben statt. Irene redet mit ihrem eigenen jüngeren Kind und hört zu, wie dieses antwortet:

E.: „Bist du erschrocken, weil du selbst überrascht bist, wie das passieren konnte mit dem Glas?"
K.: „Ja, es ist einfach passiert."
E.: „Bist du traurig, weil du möchtest, dass Papa leise redet und anerkennen sollte, dass es keine Absicht war?"
K.: „Ja."
E.: „Hast du Papa sehr lieb und brauchst gerade jetzt seine Nähe und seine Liebe?"
K.: „Ja, ich weiß nicht, ob er mich noch akzeptiert."
E.: „Höre mir zu, ich frage ihn: ‚Vater, bist du erschrocken und machst dir Sorgen? Möchtest du, dass die kleine Irene sorgfältig mit dem Geschirr umgeht und wünschst du dir, dass sie das lernen könnte? Hoffst du, wenn du jetzt richtig schimpfst, dass sie sich das merken wird?'"
Der Vater nickt und sagt: „Natürlich!"
E.: „Weißt du Vater, Irene ist eine gewissenhafte Person und sie möchte alles richtig machen. Ich kenne sie und weiß auch, dass deine Reaktion sie erschreckt, weil sie nicht mehr genau weiß, ob du sie jetzt noch lieb hast."
V.: „Meinst du wirklich?"
E: „Ja! Wärst du bereit, ihr zu sagen, dass du sie liebst, auch wenn das Glas umgefallen ist und du ihr vertrauen kannst, dass sie beim nächsten Mal aufpassen wird?"

Der Vater nickt einverstanden. Nachdem er Irene gesagt hat, dass er sie von Herzen liebt, auch wenn das Glas umgefallen ist, fühlt sich die sechsjährige Irene verstanden, strahlt innerlich und ist erleichtert.

E.: „Bist du sicher, dass du beim nächsten Mal genau aufpassen kannst?"
K.: „Na klar!"

Nach dieser inneren Vorstellung kann Irene spüren, wie die Erleichterung ihren Körper durchströmt und sich deutlich an der Stelle befindet, wo vorher der Kloß im Hals steckte. Sie atmet mit dem neuen Gefühl der Erleichterung mehrfach ein und aus.

Irene erinnert sich jetzt an die Aussage des Nachbarn und kann weder Kloß noch ihre Wut fühlen. Die Wut hat eine Intensität von 0.

Sie sagt sich: „Ich kann jetzt nicht nur verstehen, dass der Nachbar sich über den Krach ärgert, weil er ein Bedürfnis nach Ruhe hat. Ich bin überhaupt nicht mehr wütend. Meine Situation mit den Kindern gehört zu mir und der Ärger des Nachbarn gehört zu ihm. Ich könnte jetzt sagen: ‚Sind Sie ärgerlich und bräuchten mehr Ruhe? Ist Ihnen auch Respekt wichtig und wollen Sie, dass Sie gehört werden mit Ihrem Anliegen, dass im Hausflur Kinder nicht spielen sollen?'" – Nachdem der Nachbar wie auch immer reagiert hat, will Irene noch sagen: „Mir ist wichtig, dass Sie wissen, dass ich Ihr Anliegen berücksichtige und deshalb habe ich meinen Kleinen gerade geholt, und die anderen Kinder gehören zur Familie X. Ich kann aber nochmals mit Familie X reden, wäre das gut für Sie?"

Es ist jedes Mal erstaunlich, welchen emotionalen Wechsel im Erleben Eltern bei sich beobachten, wenn sie ihrem inneren Kind Empathie geben. Auch sie sind häufig überrascht, wenn sich innerer Frieden ausbreitet. Wie kann ich mir vorstellen, was da im Gehirn passiert?

2.6 Was passiert im Gehirn bei Empathie?

Wenn Irene als Kind der Szene mit dem zerbrochenen Glas die Bedeutung gibt, sie sei als Mensch nicht in Ordnung und deshalb nicht wert, geliebt zu sein, ist dies ihre Wirklichkeit. Wie fühlt sich ein sechsjähriges Mädchen, das meint, es entspräche nicht den gewünschten Vorstellungen der Eltern? Fühlt es sich ohnmächtig, einsam, hilflos oder sogar vernichtet? Beurteilt es sich als Versager, der es nicht schafft, was der Vater scheinbar selbstverständlich erwartet?

Die Vergangenheit existiert nicht. Sie ist als solche im Gehirn gespeichert mit allen Elementen des damaligen Erlebens: dem Schreck, dass der Vater schimpft, vielleicht eine Verkrampfung in der Nackenmuskulatur, ein Kloß im Hals, die Überzeugung, dass der Vater sie liebe, wenn sie seinen Vorstellungen entspricht. Auch die Zukunft gibt es nicht. Sie wird im Gehirn als persönliche Vorstellung konstruiert. Das Erleben findet in der Gegenwart statt. Die über die Sinne erlebte Gegenwart greift auf die Vergangenheit zurück und prognostiziert eine vorgestellte Zukunft.

Irene erlebt den Nachbarn im Hausflur als unzufrieden. Ihr Mittelhirn vergleicht einen unzufriedenen Nachbarn mit einem schimpfenden Vater. Liebesverlust könnte drohen. Irene ist biologisch eine erwachsene Frau, im Erleben wird sie wieder das hilflose kleine Mädchen. Das Erleben warnt aus der abgespeicherten Vergangenheit: „Da stimmt etwas nicht, ich fühle mich abgelehnt. Pass auf!" Ohne eigenen Einfluss hört sich Irene schreien. Es ist ihr automatischer Lösungsversuch, um den Nachbarn zu bewegen, dass er Irenes gute Absichten erkennen möge.

Ein in GFK trainierter Nachbar könnte das Schreien übersetzen: „Sind Sie aufgeregt, weil Sie einen Vorwurf gehört haben? Möchten Sie sicher sein, dass Sie von mir respektiert und wertgeschätzt sind?"

In der Regel führt Schreien leider in den seltensten Fällen zu dem was beabsichtigt war. Wann trifft ein Mensch schon auf einen anderen, der gelernt hat, Wut in Bedürfnisse zu übersetzen?

Wenn die erwachsene Frau im Anschluss des Geschehens in einer ruhigen Minute bewusst, wie oben beschrieben, mit ihrem inneren jüngeren Kind spricht, kann auch Jahre später dieses sich in Not erlebende Kind Zuwendung bekommen. Das jüngere Kind wird vom eigenen Ich besucht, welches ihm seine Lebenserfahrung und sein Mitgefühl zur Verfügung stellt. Aus der Sicht des Kindes lebt dieses ältere Ich in der Zukunft. Das Kind wird empathisch wahrgenommen mit seinen berechtigten Bedürfnissen.

Häufig antworten diese Kinder: „Ich bin erstaunt, dass sich hier jemand so um mich kümmert." Dem Kind wird vermittelt, dass es tatsächlich Begleitung braucht, weil es noch nicht ausreichende Fähigkeiten erworben hat, um eine schwierige Situation zu bewältigen. Seine Überforderung ist nachvollziehbar und ist nicht in der eigenen Unfähigkeit begründet. Jedes Kind hätte in einer solch schwierigen Lebenslage Hilfe, Schutz und Unterstützung gebraucht. Sein nicht zum Erfolg geführtes Bemühen wird anerkannt, als das beste, was ihm möglich war.

Die damalige Episode wird neu geschrieben. Im Gehirn wird ein Erleben von „Ich bin als Mensch in Ordnung, wenn ich Bedürfnisse habe" hinzugeschaltet. Dieses Hinzuschalten von Hilfreichem wird in der Gegenwart erlebt, indem sich der Körper entspannt, aufrichtet oder individuell positiv verändert. – Rosenberg sagt: „Wenn ein Mensch ausreichend Empathie erhalten hat, dann ist es für jeden im Raum wahrnehmbar."

Durch Empathie weiß sich das sechsjährige Mädchen Irene wahrgenommen mit seinem Bedürfnis, geliebt zu werden. Das Kind kann hören, dass es trotz Missgeschicke liebenswert ist. Die erwachsene Irene bietet dem Kind ihre Lebenserfahrung an: Missgeschicke und damit auch zerbrochene Gläser sind Lernchancen, statt Fehler. Wer neugierig durchs Leben geht, der kann auch anecken. Mit dieser Erfahrung kann er lernen, wo es Vorsicht bedarf.

Das Kind bekommt einen Blumenstrauß von Erklärungen dafür, wie Menschen in einer gleichwertigen Welt leben. Das Schwierige ist zu bewältigen. Jede einzelne Blume steht für etwas, was dem Kind helfen könnte: innerer Frieden, Liebe, Selbstwert, Selbstvertrauen, Heiterkeit, Sinn für Humor, Kommunikationsfähigkeiten, kreative Ideen, um wahrgenommen zu werden, Humor, Weisheit, Mut und den Schutz durch die Begleitung des nun erwachsenen Ich.

Bisher war im Gehirn an die Episode mit dem zerbrochenen Glas Ohnmacht geknüpft, jetzt ist es Selbstvertrauen. Erleichterung wird erlebt. Dieses steht in Verbindung mit einer entspannten Körperkoordination und auch mit einer positiven Selbstbewertung. Nicht mehr Hilflosigkeit, sondern Kompetenz verbunden mit einem positiven Selbstwert ist jetzt im Gehirn gespeichert. Das neue Körperempfinden beschreibt Irene als ein Fließen. Ein neues Erlebens-Muster ist an die gespeicherte Szene mit einem zerbrochenen Glas geknüpft. Statt Wut erlebt Irene jetzt Erleichterung und Wohlwollen.

Zusammenfassung:

Wenn eine heutige Situation einer früheren schmerzlichen Situation ähnelt, erinnert sich der Körper unwillkürlich mithilfe des Mittelhirns, schnell und effektiv ohne Mithilfe des Bewusstseins. Der Körper nimmt die Haltung und den Atem von damals mit gleichen Empfindungen und Gefühlen ein. Wie ein Denkmal meldet der Körper die schwierige Situation, in der eigene Bedürfnisse nicht gestillt wurden, um darauf hinzuweisen, dass die Zuwendung, die damals fehlte, jetzt gebraucht wird. Die Botschaft lautet: „Achtung, sorge gut für dich, ich, dein Körper als dein Partner, programmiert vom Mittelhirn, weiß genau, dass Sorgfalt und Achtsamkeit für die Situation angesagt sind, um deine Bedürfnisse zu stillen. Das zeige ich dir, indem ich das, was damals passierte, nochmal im Erleben sende."

In den hier geschilderten Beispielen würdigt die angebotene Empathie den Schmerz des Kindes. Die damalige schmerzliche Situation wird so verändert, dass die Bedürfnisse aller wahrgenommen werden. Empathie, die heilt, meint diesen Prozess von Neuverknüpfungen mit dem, was hilfreich erlebt wird.

2.7 Grundannahmen für tragende Beziehungen

Da es viele Strategien gibt, um Bedürfnisse zu stillen, ist es sinnvoll, solche zu wählen, die die lebensnotwendigen tragenden Beziehungen stärken. Unsere Mitmenschlichkeit ist darauf angelegt, nach dem Wohlergehen des Menschen zu schauen, von dem wir emotional abhängig sind. Es geht um die Balance von: Dein und mein Wohlergehen sind wichtig. – Da in unserer komplexen Welt alle Menschen miteinander verbunden sind, gilt: Wenn alle Menschen leben können, kann es auch der einzelne Mensch.

Die innere Haltung in den Beispielen hier im Buch geht von folgender Grundannahme aus: „Ich bin Leben inmitten von Leben, was auch leben will" entsprechend dem bekannten Zitat von Albert Schweitzer.

In der Eltern-Kind-Beziehung übernehme ich dafür Grundannahmen, wie sie Insoo Kim Berg und Therese Steiner auflisten[4]:

Bis das Gegenteil bewiesen ist, gehen wir davon aus, dass alle Eltern
- stolz auf ihr Kind sein wollen;
- einen guten Einfluss auf ihr Kind haben wollen;
- positive Dinge über ihr Kind hören wollen und wissen möchten, was ihr Kind gut kann;
- ihrem Kind eine gute Ausbildung und Erfolgschancen geben wollen;
- sehen wollen, dass die Zukunft ihres Kindes gleich gut oder besser ist, als die ihrige war;
- eine gute Beziehung zu ihrem Kind haben wollen.

Wir gehen davon aus, dass alle Kinder
- wollen, dass ihre Eltern stolz auf sie sind;
- ihre Eltern und andere Erwachsene erfreuen wollen;
- akzeptiert und Teil des sozialen Kontextes sein wollen, in dem sie leben;
- neue Dinge lernen wollen;
- aktiv sein und an den Aktivitäten anderer teilhaben wollen;
- überrascht werden und andere überraschen wollen;
- ihre Meinung und Entscheidungen artikulieren wollen;
- eine Wahl treffen wollen, wenn sie Gelegenheit dazu haben.

Folgende Ergänzung füge ich hinzu:
- Menschen, eben auch Kinder, helfen gern anderen Menschen;
- Kinder entwickeln sich in ihrem eigenen individuellen Rhythmus;
- Kinder haben ein gleiches Anrecht auf Würde, aber weniger Verantwortung im Vergleich zu erwachsenen Menschen.

---

4   Berg, Insoo Kim: *Handbuch lösungsorientiertes Arbeiten mit Kindern.* Heidelberg 2005.

3. Die heilende Kraft der Empathie

3.1 Autonomie und Zugehörigkeit in der Balance

3.1.1 Schuhe müssen geputzt werden

> Renata bittet ihren 16-jährigen Sohn Max, Milch und Brot einzukaufen. Dieser antwortet: „Ich weiß nicht, ob ich wirklich heute noch gehen möchte ..., aber vielleicht gehe ich ..., aber wer weiß, vielleicht kommen meine Freunde, ich kann mich gerade nicht festlegen."

Die nächsten kommunikativen Schritte wären aus Sicht der GFK sowohl Empathie für den Jungen als auch Selbsteinfühlung für die eigene Situation zu geben – ein tänzerisches Schwingen zwischen dem Ich und dem Du mit dem Ziel, einen Weg zu gehen, auf dem sich beide wohl fühlen können.

Renata berichtet, dass sie total wütend wird, während ihr Sohn das sagt. Nicht jede Mutter wäre hier wütend. Was ist die individuelle Situation ihrer Lebensgeschichte, die sie dazu bringt, in diesem Moment Wut zu empfinden?

Die Theorie der GFK gibt hier folgende Hinweise: Möglicherweise hat die Frau ein „Sollte" über ihren Sohn Max in ihren Gedanken: „Das ist gemein, ich brauche Unterstützung und mein Sohn sollte auch mal was für den gemeinsamen Haushalt tun. Er ist alt genug, und es kann doch nicht sein, dass ich hier alles allein mache."

Die Wut wird erzeugt durch die Urteile, die sich die Mutter über ihren Sohn macht: „Er ist rücksichtslos, ein richtiger Egoist!"

Wenn die Mutter an ihren eigenen Fähigkeiten zweifelt, könnte bei ihr Angst mitschwingen, ob sie ihn richtig erzogen hat: „Hilfe, was habe ich da für ein Monster in die Welt gesetzt ... das kommt davon, dass ich nicht richtig durchgegriffen habe, als er noch jünger war."

Meine Aufmerksamkeit geht jetzt nicht dahin, wie die Frau reagieren könnte. Dafür gibt es zwischenzeitlich gute Quellen, wie wir in schwierigen Situationen mittels GFK um Worte ringen und sie finden[5].

---

5   www.gewaltfrei.de – siehe die Elternliste.

Nach den obigen Ausführungen über das Mittelhirn folgt, dass die Gedanken dem Gefühl, also hier der Wut, folgen. In der Gehirnforschung wird in diesem Zusammenhang eine zeitliche Differenz von 500 Millisekunden angegeben, die verstreichen, bevor mittels der Großhirnrinde angefangen wird, die bereits entstandene Wut zu kommentieren. Also die Reihenfolge ist: Zuerst entsteht Wut – Gedanken folgen.

Woher kommt die Wut? Renata hat schon häufig beobachtet, dass sie durch unverbindliche Aussagen ihres Sohnes wie ein HB-Männchen an die Decke geht. (Das HB-Männchen wurde in den 70-er Jahren in der Werbung bekannt. Ausgelöst durch ein kleines Missgeschick, stieg eine Comic-Figur in die Luft, rauchte eine Zigarette der Marke HB und es ging ihm wieder besser. Für das Männchen war Nikotin eine Strategie, um unliebsame Gefühle zu beruhigen.)

Renata wünscht sich Gelassenheit im Umgang mit ihrem Sohn, denn sie kann einerseits verstehen, dass er sich nicht festlegen möchte, andererseits fühlt sie unerklärlich diese Wut in ihrer Brust aufsteigen, die ihr in keiner Weise angemessen erscheint gegenüber dem Auslöser.

Renata will ihre Fähigkeiten erweitern, um in einer solchen Situation mit ihrem Sohn und sich selbst empathisch umgehen zu können. Sie ist mit sich nicht zufrieden, weil sie merkt, wie sie innerlich kocht und sich zurückzieht. Diesen Rückzug erlebt sie als unwillkürlich. Eigentlich will sie Worte finden, um mit Max im Gespräch zu bleiben, aber ihr ganzes Gehirn ist blockiert, sie findet keine Worte mehr.

Diese Reaktion wird von den Hirnforschern als natürlich und angemessen beschrieben. Wut und Angst engen unseren rationalen Blick ein. Flucht, Angriff oder Erstarren sind die drei möglichen Reaktionsmuster, wenn uns gar nichts mehr einfällt.

Ich bitte Renata, die Wut nochmals zu erinnern, während sie sich die auslösende Situation vorstellt. Sie erzählt die Situation, damit diese im Erleben vor ihrem inneren Auge lebendig wird. Beim Erzählen fühlt Renate die Wut ansteigen. Die Wut liegt wie ein Stein im Bauch: „Innerlich spüre ich, wie ich koche."

Jetzt frage ich sie, welchen Gedanken sie dieser Wut zuordnet, der mit den Worten beginnt: „Ich bin jetzt ..." Sie antwortet, es ist der Gedanke: „Ich bin ganz hilflos."

Da dies nochmals ein Gefühl ist, das unter der Wut erscheint, sucht sie weiter nach einem Gedanken und findet folgenden: „Eigentlich bin ich blöd!"

Ich erfrage die Intensität der Wut. Das Maßband für Gefühle ist die schon vorgestellte Skala von 1 bis 10. Renata gibt eine Intensität von 8 an. In der Fachsprache würde man sagen, der SUD Level liegt bei 8 (SUD-Wert = Subjective Units of Disturbance = Subjektive Einheit von Unbehagen). Es ist sinnvoll, dieses Unbehagen zu messen, um später zu schauen, ob es möglich war, dieses Unbehagen vollständig oder nur ein wenig zu reduzieren. Ist es nur teilweise entkoppelt, dann brauchte die Mutter noch weitere Empathie.

Jetzt bitte ich die Mutter, die Situation mit ihrem Sohn zunächst nicht mehr zu beachten, dafür aber ihre gesamte Aufmerksamkeit auf die Empfindung im Bauch zu lenken. Normalerweise bemühen wir uns, genau diese Empfindung nicht zu fühlen, weil sie so unangenehm ist. Unsere Absicht hier ist eine andere. Wir wollen dem nachspüren, in welcher früheren Situation diese Empfindung auch schon einmal aufgetaucht ist. Also lade ich die Mutter ein, ihrem Unbewussten zu vertrauen und eine Begebenheit zu berichten, die ihr jetzt sozusagen einfällt.

Während ihre Aufmerksamkeit beim Stein im Bauch ist, der vor sich hin kocht, sinnt sie dieser unangenehmen Empfindung nach und lässt sich Zeit, was ihr in den Sinn kommt. Das kann eine Geschichte, eine Stimmung oder ein Bild sein.

> Folgende Erinnerung taucht bei Renata auf: „Ich bin 12 Jahre alt, mein Bruder ist 18 Jahre und er sagt zu mir, ich solle ihm die Schuhe putzen. Ich antworte ihm, er könne das selber machen. Da höre ich meine Mutter, wie sie sagt, ich könne doch auch mal was für ihn machen, immerhin habe er, als ich klein war, mir auch viel geholfen, mich gekämmt und auf mich aufgepasst. – Ich bin in der Situation ganz hilflos, denn eigentlich habe ich keine Lust, meinem Bruder die Schuhe zu putzen: Ich werde wütend, weil meine Mutter das von mir verlangt. Abschlagen kann ich es ihr auch nicht, weil ich bedingt durch meinen südeuropäischen Hintergrund auch Pflichten kenne, die die Frauen gegenüber Männern haben. Das finde ich zwar doof, aber ich liebe meine Mutter und erlebe, wie sie sich für alle aufopfert. Ich kann zwar meinem Bruder widersprechen, aber mit meiner Mutter ist das nicht so einfach. Also schweige ich und bin wütend und putze die Schuhe trotzdem nicht."

Wer Empathie selbst kennengelernt hat und weiß, wie gut sie tut, der kann jetzt erahnen, dass dieses zwölfjährige Mädchen viel Bedarf nach Empathie hat.

Das Mädchen ist in einer Zwickmühle. Einerseits will es selber bestimmen, ob es die Schuhe ihres Bruders putzt: Das heißt in diesem Fall, sie möchte seine Bitte ablehnen. Andererseits fühlt sie eine innere Verpflichtung, sich der Mutter gegenüber loyal zu verhalten und den Werten der Familie zu folgen. Sie war allein in dem Konflikt: Der Bruder war wütend, weil er sein Recht bekommen wollte, dass ihm die Schwester dient. Die Mutter schaute ermahnend das Mädchen an, die in ihren Augen ein unwilliges Mädchen war, das sich nicht einordnen will. Die Wut und Hilflosigkeit in dieser Situation kann sie bis heute fühlen.

Ich bitte Renata sich vorzustellen, sie sei in ihrer Vorstellung das zwölfjährige Mädchen von damals. Damals war sie allein mit ihrem Konflikt, jetzt aber solle sie sich vorstellen, wie die Tür sich öffnet und die Renata von heute den Raum betritt.

Ich erwähne, dass mir völlig klar ist, dass wir die Begebenheit von damals nicht verändern können, sie war so wie sie war. Wir können aber in Renatas Vorstellungskraft die Situation verändern, vielleicht so, wie es dem zwölfjährigen Mädchen eine Hilfe ist, um dadurch dem Gehirn ein anderes Erleben zu ermöglichen. Das Gehirn unterscheidet nicht zwischen der real erlebten oder jetzt vorgestellten Vergangenheit. Es speichert die Gefühle der vorgestellten Vergangenheit, auch wenn die Situation im geschichtlichen Zusammenhang immer noch so ist, wie sie war. In der eigenen Vorstellungskraft wird der Begebenheit eine andere gefühlsmäßige Verknüpfung gegeben.

Ich übernehme mit meiner Stimme die Rolle der heutigen Renata, die zur Tür hereinkommt. Renata konzentriert sich auf die Rolle des zwölfjährigen Mädchens.

Für Ihr Verständnis als Leser ist E. die Abkürzung für die erwachsene Frau von heute, der ich meine Stimme leihe. K. steht für das damalige zwölfjährige Kind.

E.: „Bist du innerlich zerrissen, weil du die Überzeugung hast, es kann nicht dein Job sein, die Schuhe deines Bruders zu putzen und fühlst du andererseits Druck, das zu tun, was deine Mutter sich wünscht? Sie glaubt, dass zwölfjährige Mädchen für das Wohl der Brüder zu sorgen haben. Bist du jetzt hilflos und ratlos, weil du eine für dich gute Lösung suchst?"
K.: „Ja, ich habe keine Lust, ihm die Schuhe zu putzen. Ich finde es gemein, dass Mama das von mir verlangt. Sie müsste sehen, dass das für mich doof ist."
E.: „Bist du wütend, weil du möchtest, dass Mama dich wahrnimmt? Möchtest du selber entscheiden können, ob du Befehle ausführst oder verweigerst?"
K.: „Ja, aber dann macht mir Mama ein schlechtes Gewissen, denn sie macht ja auch immer alles für uns. Ich weiß wirklich nicht, was ich tun soll."
E.: „Egal wie du dich jetzt entscheidest: Es ist jedes Mal für dich zum Nachteil. Putzt du ihm die Schuhe, dann fühlst du dich wie sein Sklave. Verweigerst du dich, dann kannst du nicht das tun, was deiner Mutter wichtig ist und was sie dir mit ihrem ganzen Leben vorlebt."
K.: „Ja!"
E.: „Es ist gar nicht einfach, das Eigene zu finden in dieser Familie, oder?"
K.: „Genau!"

Jetzt frage ich die erwachsene Frau, wie es ihr gefühlsmäßig geht. Sie ist ja momentan im Erleben des zwölfjährigen Mädchens, das sie selbst vor Jahren war.

Sie sagt: „Ich fühle mich wahr- und ernst genommen, ich bin erleichtert."
Ich frage: „Wo im Körper kannst du das empfinden?"
Sie sagt: „Hier in meiner Brust."

Jetzt bitte ich sie, dieses neue Gefühl einzuatmen und zu genießen. Sie verknüpft jetzt das damalige Erleben mit dem neuen emotionalen Erleben. – Ich möchte dieses neue Erleben vertiefen und erfrage, wie alt die Mutter damals war: Die damalige Mutter ist etwa 47 Jahre alt – Renata ist heute 50 Jahre alt, also etwa gleich alt, wie die Mutter damals. Ich bitte Renata sich vorzustellen wie sie in der obigen Szene ihrer damaligen Mutter begegnet und sie jetzt anspricht, während sie die damalige Mutter durch ihre erwachsenen Augen anschaut.

Sie sagt: „Mutter, ich finde es nicht in Ordnung, dass du von deiner Tochter verlangst, dass sie die Schuhe ihres Bruders putzen soll, obwohl sie gerade gesagt hat, sie möchte es nicht tun."

Jetzt frage ich sie, was die Mutter antworten würde. – Damit Sie als Leser wissen, welche Mutter jeweils gemeint ist, nenne ich von jetzt ab die Mutter der Vergangenheit M. und die erwachsene Renata R.. Der gesamte Dialog findet in der Vorstellungskraft von Renata statt, die hier im Jetzt Hilfe für ihre Wut sucht. Sie wechselt zwischen den Rollen, ihrer eigenen jetzigen und der Rolle der Mutter von damals.

M. „Ich finde, ihr Bruder hat ihr ganz viel geholfen als sie klein war, er hat sich so um sie gesorgt, als ich arbeiten ging. Jetzt kann sie auch mal was für ihn tun, ach komm, nur dieses eine Mal."

R.: „Du meinst, sie solle bezahlen, was damals in deinem Verantwortungsbereich lag? Als du arbeiten gingst, war sie vier Jahre alt, und es ist völlig in Ordnung, dass sie damals versorgt wurde. Dafür braucht sie nichts zurückzahlen. Das liegt allein in deiner Verantwortung."

M.: „Na gut, aber vielleicht nur das eine Mal noch."

R.: „Nein, auch nicht das eine Mal, sie hat gerade Nein gesagt und ich möchte, dass sie respektiert wird mit ihrem Nein. Sonst lernt sie Ja zu sagen, obwohl sie Nein meint und das möchte ich nicht. Das ist ungesund. Mutter, bist du traurig, weil du dir auch mal Ruhe gönnen möchtest nach all der vielen Arbeit, die du leistest?"

M.: „Ja, vielleicht schon, denn ich bin die Jüngste von acht Kindern und da habe ich immer gearbeitet, da gab es nie einen Freiraum für mich."

R.: „Hättest du dir auch gewünscht, jemand wäre mal gekommen und hätte dir erlaubt, dein Eigenes leben zu dürfen?"

M.: „Ich glaube schon, das hätte mir gut getan, ich durfte das nie."

R.: „Genau so geht es auch Renata, sie ist froh, wenn sie wahrgenommen wird mit ihrem Nein. Ich weiß, sie hilft gern, aber nur dann, wenn sie keine Befehle hört und wenn sie es freiwillig tun kann."

M.: „Ich glaube, ich kann das verstehen, aber es ist nicht leicht für mich, es zu akzeptieren."

R.: „Kannst du es jetzt akzeptieren in dem Wissen, es wird Renata helfen, gesund und stark durchs Leben zu gehen, wenn sie in dieser für dich fremden Kultur aufwächst?"

M.: „Ja, das ist mir wichtig."

Jetzt frage ich Renata, wie sie sich fühlt, wenn sie sich vorstellt, sie hätte diesen Dialog gerade mit ihrem inneren Ohr als Kind gehört.

Sie antwortet als Kind: „Also, ich wachse und fühle mich innerlich stark. Ich habe so ein Empfinden von: Jetzt bin ich in Ordnung, auch wenn ich mich für mich entscheide, obwohl die anderen nicht einverstanden sind."

Ich frage sie: „Könntest du dir vorstellen, auch mal die Schuhe zu putzen?"

Sie antwortet: „Ich glaube schon, nach diesem Gespräch hätte ich jetzt auch richtig Lust und könnte es tun, weil ich auch meinen Bruder liebe."

Nach diesen Dialogen bitte ich Renata, mit ihrem ganzen Bewusstsein zu uns in die Gegenwart zurückzukommen.

Nachdem sie mit ihrer Aufmerksamkeit wieder vollständig im Hier und Jetzt ist, bitte ich Renata, die heute selbst einen 16-jährigen Sohn hat, sich an die ursprüngliche Szene mit ihm zu erinnern und es auf sich wirken zu lassen: Ihr Sohn wollte sich nicht festlegen, ob er noch einkaufen geht.

Sie sagt: „Es ist unglaublich, aber jetzt kann ich sein Nein viel besser akzeptieren. Ich könnte ihm Einfühlung geben und meine Bedürfnisse aussprechen. Meine Wut ist völlig verschwunden. Es geht ihm wie mir damals. Er kann sich nicht entscheiden und möchte sich nicht festlegen."

Mich beschäftigt die Frage, was Renata auf der limbischen Gehirnebene wütend reagieren ließ.

Ihr Sohn wollte sich nicht festlegen, ob er einkaufen geht. Renata sah sich daraufhin gezwungen, dass sie jetzt gehen müsse. Sie sagt mir: „Er hat zwar nicht gesagt, ich müsse in den Supermarkt gehen, aber ich habe es so gehört, denn sonst war ja niemand da, den ich um Hilfe hätte bitten können. Ich habe gehört, dass ich jetzt einkaufen gehen muss. Das ist genau so, wie ich als zwölfjähriges Mädchen hörte, ich solle ihm die Schuhe putzen. Damals wie heute sah ich mich als die Person, die immer alles für den anderen tun soll. Ich hatte dabei den Gedanken, der andere könne doch auch mal was tun. Für mich ist es wie ein Unrecht, was mir angetan wird. Aber mein Sohn hat mir ja kein Unrecht getan. Er hat auf meine Bitte schlicht Nein gesagt und jetzt kann ich das auch in Ordnung finden. Zuvor habe ich unbewusst ein mir zugefügtes Unrecht erlebt und das hat meine Wut ausgelöst."

Renata hat ein Bedürfnis nach Autonomie. Sie möchte selber bestimmen können, ob sie Hilfe gibt oder nicht. Ihr limbisches System reagiert sensibel auf Situationen, die Zwang bedeuten, etwas unfreiwillig tun zu müssen, so wie es von ihr als junges Mädchen erwartet wurde. Wenn ihr Sohn Nein sagt, hört sie ein „Jetzt muss ich!". Dieses „Jetzt muss ich" wird auf der limbischen Ebene so erinnert, als ob sie wie das zwölfjährige Mädchen ihrem Bruder Schuhe putzen muss, während er „faul" sein darf.

Das zwölfjährige Mädchen möchte sich ihr Bedürfnis nach Autonomie erfüllen. Gleichzeitig will sie ihre Zugehörigkeit zur Familie nicht gefährden, indem sie die Werte der Familie einhält. Die Werte der Familie unterscheiden sich von der Kultur, in der sie aufwächst. Sie erfährt, dass ihre Klassenkameradinnen ihren Brüdern nicht dienen müssen. Deshalb stellt sie den Familienwert in Frage und erlebt es als Unrecht, den Bruder zu bedienen. Sie ist wütend auf die Mutter und rebelliert angemessen für ein zwölfjähriges Mädchen gegen die ihr unsinnig erscheinenden Regeln. Emotional fühlt sie sich aber allein. Sie erstreitet ihre Autonomie auf Kosten ihrer Zugehörigkeit.

Kinder brauchen beides: Autonomie und Zugehörigkeit. Eltern können ihr Kind in diesem Balanceakt begleiten, indem sie es als autonomes Wesen wertschätzen, ohne die eigenen Werte zu verleugnen. Eltern leben ihrem Kind die Werte vor. Renata sieht ja, dass die eigene Mutter sich auch aufopfert. Kinder übernehmen gern die Werte der Eltern, wenn sie nicht dazu gezwungen werden und wenn sie deren Sinn erkennen können. Renata spürt genau, dass die Mutter an der Unterordnung leidet, selbst aber nicht die Kraft hatte, sich dagegen zu wehren. Dies gelingt jetzt der Tochter, weil die Familie in einer für die Mutter kulturfremden Gesellschaft lebt. Der Preis für Renata ist die Wut auf die Mutter, die sie jahrzehntelang limbisch erinnert.

Die Empathie für das kleine Mädchen bewirkt, dass die damals erlebte Wut sich auflöst. Das kleine Mädchen fühlt sich jetzt verstanden.

Jetzt kann ihr Sohn Nein sagen und das ist für sie in Ordnung. Sie hört es als erwachsene Frau und nicht mit der Reife einer wütenden Zwölfjährigen. Das limbische Erleben vergleicht nicht mehr mit der Erinnerung, in der der Bruder seine Schwester für sich arbeiten lässt, was sie unwillig ablehnte.

Auf springt die Thür. — An Bein und Arm

Geräuschvoll hängt der Kinderschwarm.
Ho! — ruft der Franzel — Kinder hört!
Jetzt spielen wir 'mal Droschkenpferd!
Papa ist Gaul und Kutscher ich.
Ja! — ruft die Gustel — Fahre mich!
Ich — ruft der Fritz — will hinten auf!
Hopp hopp, du altes Pferdchen, lauf!

Hüh! — ruft der kleine Balduin —
Will er nicht ziehn, so hau ich ihn! —

3.1.2 „Ich kann nichts für deine Gefühle ..."

Wir haben uns vorgenommen, mit dem Fahrrad zu Freunden zu fahren. Die zwölfjährige Tochter sagt: „Eigentlich habe ich keine Lust mitzufahren. Die zwölf Kilometer sind mir zu anstrengend."

M.: „Ja, es ist in Ordnung, dann bleibst du bei der Oma und später holen wir dich ab."
K.: „Wenn du so mit mir redest, dann geht es mir gut."
M.: „Wie rede ich denn mit dir, wenn es dir nicht gut geht?"
K.: „Na, da sagst du so was wie ‚Ach, ich habe mich schon so gefreut, dass wir was gemeinsam unternehmen'. Dann entsteht in mir so ein schlechtes Gewissen."
M.: „Heißt schlechtes Gewissen für dich, dass es dir schlecht geht, wenn ich enttäuscht bin, wenn du eine Entscheidung für dich triffst, die nicht meine Erwartung erfüllt?"
K.: „Ja, ich weiß ja, wie du es gern hast, wenn wir was gemeinsam machen."
M.: „Also, dein schlechtes Gefühl nimmt zu, wenn ich sage: ‚Ach, wie schade, ich habe mich so gefreut ... vorhin hast du gesagt, du fährst mit und jetzt willst du wieder nicht.'"
K.: „Ja, genau, ich habe ein schlechtes Gewissen, weil ich meine Meinung ändere und du dich schon freust auf uns beide."
M.: „Das heißt doch, wenn du jetzt mitfährst, dann nur, damit ich mich freue und eigentlich willst du gar nicht mitfahren. Du fährst mit und dein Motiv ist, mich bei Laune zu halten."
K.: „Eigentlich schon!"
M.: „Schade, denn ich befürchte jetzt, du sammelst dann ein wenig Ärger in dir und das kommt dann später raus. Wenn wir dann unterwegs sind, hast du keine Kraft zum Fahren und stöhnst, wie lang der Weg ist. Wir sollen letztlich merken, wie schlecht es dir geht. Ich kann mich an frühere Situationen erinnern, dass mir der gemeinsame Ausflug dann auch keinen Spaß mehr gemacht hat, weil ich merkte, wie schlecht es dir geht."
Die Tochter nickt.
M.: „Ich möchte, dass du dich entscheidest nach deinen Kriterien. Das Motiv kann nicht sein, dass es mir gut gehen soll."
K.: „Na, dann sage ich Nein, ich will nicht mitkommen. Ich bin lieber zu Hause und lese."
M.: „Gut, und ich will dich wissen lassen, dass ich mich darauf gefreut habe, gemeinsam mit dir was zu unternehmen und deine Entscheidung mit Respekt bedaure. Kannst du es aushalten? Ich möchte, dass du das lernst, denn es ist unmöglich, für die Bedürfnisse aller Menschen, die dir lieb sind, zu sorgen. Es geht um eine Balance zwischen deinem und meinem Bedürfnis. Ich will, dass du willentlich mitkommst, aber nicht, damit ich gute Laune habe."
K.: „Das habe ich verstanden, es ist nicht leicht, aber es leuchtet mir ein. Danke, ich bleibe zu Hause und lebe damit, dass du es anders wolltest. Ich habe aber kein schlechtes Gewissen mehr."

3.2 Autonomie, Respekt und die Pflichten im Leben

3.2.1 „Du könntest es mal besser machen!"

Marion ist 32 Jahre alt und das Verhältnis zu ihren Eltern ist angespannt. Sie hat zwei Kinder im Alter von zwei und vier Jahren. Auf manche Bemerkungen ihrer Mutter geht sie hoch wie eine Rakete. Sie versteht selber nicht, was sie aufregt. Es passiert jedesmal automatisch ganz von allein.

Am Telefon fragt die Mutter, wie es dem kleinen Jens geht, denn er ist durchs Telefon weinend zu hören. Marion sagt ihrer Mutter, sie sei gerade am Kochen und sie habe ihn auf den Boden gelegt, was ihm nicht besonders gefällt. Ihre Mutter antwortet daraufhin: „Es wäre gut, wenn du ihn öfter mal auf den Boden legst, um ihn daran zu gewöhnen."

Genau dieser Satz bewirkt, dass Marion innerlich an die Decke schießt. Was löst dieser Satz in ihr aus? – Marion konzentriert sich auf ihre Körperempfindungen und spürt einen Knoten im Bauch, der langsam bis zum Hals aufsteigt. Ihre Gedanken dabei sind: „Meine Mutter weiß es wieder besser und sie will mir sagen, ich habe es nicht im Griff." Gleichzeitig ist ihr auch noch bewusst: „Ich will die Anerkennung meiner Mutter, dass ich es gut mache mit meinen Kindern."

Die identisch gleiche Reaktion entsteht in ihrem Körper, wenn sie an die letzte Begegnung mit ihrer Mutter denkt. Die Mutter kam in die Wohnung und Marion nahm wahr, wie der Blick der Mutter prüfend durch die Wohnung glitt, und Marion meinte zu verstehen, wie die Mutter denkt: „Hier könnte man mal wieder aufräumen, es ist unordentlich. Sie hat es nicht im Griff."

Während Marion an die Kommentare ihrer Mutter denkt, konzentriert sie sich auf den Knoten in ihrem Bauch und erinnert sich an eine Begebenheit aus ihrer Kindheit: „Ich war 15 Jahre alt und wir hatten diese für mich verhasste Familiensitzung, wo mir gesagt wurde, was falsch und richtig ist. Bei dieser Sitzung saß ich auf der Küchentheke, um gleich groß zu sein wie die vor mir stehenden Eltern. Ich hatte gesagt, dass ich nach acht Jahren nicht mehr Akkordeon spielen wollte und meine Eltern redeten auf mich ein, dass ich nicht aufhören dürfe, weil alle anderen im Dorf spielen, und man müsse auch Pflichten im Leben einhalten. Es war wie im Gericht, ich hatte keine Chance."

Ich bitte Marion, in dieser erinnerten Szene als die jetzige Erwachsene zu den Eltern zu sprechen. In der Szene sind ihre Eltern zehn Jahre älter als sie selbst, also etwa 42 Jahre alt. Zunächst sagt die erwachsene Marion ganz vorsichtig: „Ich finde, ihr solltet die Wünsche von Marion auch mal hören." Auch jetzt als erwachsene Frau kann sie den Eltern nur vorsichtig sagen, was sie bewegt. Ich frage die erwachsene Marion, was sie denn fühlt, wenn die Eltern der 15-Jährigen verbieten, mit dem Musikunterricht aufzuhören. Sie antwortet: „Also ich bin wütend, sie haben kein

Recht, diese Tochter so zu übergehen." Ich bitte sie, dieser Wut Ausdruck zu geben und sie versucht es erneut, dieses Mal mit einer kräftigen Stimme: „Ich finde es einen Scheiß, Marion hat ein Anliegen und ihr bestimmt über ihr Leben, so als ob es keine Rolle spielt, wie es ihr dabei geht." Die Eltern gehen in der inneren Vorstellung einen Schritt zurück und sind erstaunt. Ermutigt durch diese Reaktion fährt die erwachsene Marion fort: „Ich akzeptiere nicht, dass ihr euch in dieser Weise in Marions Leben einmischt. Sie hat euch gerade gesagt, sie möchte nicht mehr dieses Instrument spielen und sie ist mit 15 Jahren alt genug, selbst zu entscheiden, was sie will." Die Eltern sind stumm, nehmen das Akkordeon und geben es Marions Schwester.

Jetzt bitte ich Marion, sich darauf zu konzentrieren, selbst die 15-jährige Jugendliche zu sein und ich frage sie, wie es ihr momentan geht. Sie antwortet: „Ich bin wirklich erstaunt, dass jemand mich in meinem Anliegen unterstützt. Ich fühle mich nicht mehr so allein und ausgeliefert."

Ich leihe jetzt der erwachsenen Marion (E.) meine Stimme und diese sagt zu der 15-jährigen jugendlichen Marion (J.):

E.: „Bist du etwas erstaunt, weil deine Eltern akzeptieren, dass du auch eigene Vorstellungen über dein Leben hast, was dich interessiert und was nicht? Kommt dir das ungewohnt vor?"

Marion nickt wortlos.

E.: „Machst du dir Sorgen, weil du deine Eltern liebst und anders handelst, als sie es wollen? Hast du bisher die Überzeugung in dir getragen, dass Liebe bedeutet, alles zu tun, was der andere von dir will?"

J.: „Irgendwie schon."

E.: „Ich bin hier, weil ich ein wenig mehr Lebenserfahrung habe, an der ich dich teilhaben lassen möchte. Ich weiß heute, dass es möglich ist, jemand zu lieben und trotzdem Entscheidungen zu treffen, mit denen der andere, den man liebt, nicht einverstanden ist. Beides ist möglich: Kontroverse Vorstellungen haben und sich trotzdem lieben. Deine Eltern wissen nicht, dass dies auch geht, und sie haben dich immer glauben lassen, dass du aus Liebe zu tun hast, was sie von dir wollen. Das hast du gut bei ihnen gelernt. Ich möchte aber, dass du jetzt lernst, es ist möglich zu lieben und gleichzeitig eine eigene Persönlichkeit zu sein."

J.: „Das ist fremd für mich, aber ich bin so glücklich, weil sich das für mich so gut anfühlt. Ich will das jetzt lernen."

E.: „Bist du ängstlich, weil du dich fragst, wie das gehen kann? Befürchtest du, dass du allein gelassen wirst von deinen Eltern, wenn du deine Wege gehst?"

J.: „Ja, sie reden dann nicht mehr mit mir."

E.: „Ist es für dich hilfreich, wenn du weißt, ich begleite dich bei deinen Schritten, die nicht die Zustimmung deiner Eltern finden."

J.: „Ich glaube, mit dir kann ich es schaffen."

Ich bitte nun Marion, ihre Aufmerksamkeit wieder in die Gegenwart zu richten und frage sie, wie es ihr nun geht. Sie antwortet: „Ich habe eine Wärme im Hals und es ist da ein neues beglückendes Gefühl in mir, dass ich darf, was ich für mein Leben entscheide. Es ist in Ordnung, wenn ich einen eigenen Willen habe und ich fühle mich dabei unterstützt. Wenn ich jetzt an meine Mutter denke, die mir Ratschläge geben möchte, wie ich meinen Haushalt führen kann und mein Kind begleite, merke ich, dass sie mir helfen will. Ich habe aber die Freiheit zu entscheiden, ob ich die Hilfe annehme oder nicht. Ich bin überhaupt nicht mehr wütend, ich könnte zu ihr sagen: ‚Mutter, kann es sein, dass du mir helfen möchtest und dass du möchtest, dass ich anerkenne, wie viel Lebenserfahrung du hast?' Ich könnte mir vorstellen, das täte meiner Mutter gut. Wahrscheinlich möchte sie so wie ich wahrgenommen werden und möchte Anerkennung."

Einige Eltern lebten noch in einer Kultur, in der es wichtig war, was die Dorfgemeinschaft, Verwandte, der Pfarrer und Lehrer sagten, wie das Leben zu gestalten sei. Wenn es Pflicht war, im Dorf im Akkordeonverein zu spielen, dann hatten die Kinder diese zu erfüllen, egal ob es ihnen gefiel oder nicht. Die Bedürfnisse hatten sich unter die Vorstellungen einer größeren Autorität unterzuordnen, egal was Kinder fühlten und wo die persönlichen Neigungen lagen.

Gelang dies, galt die Erziehung als erfolgreich.

„Einige Pflichten müssen doch die Kinder übernehmen", fragen auch heute Eltern. „Was ist denn mit der Jacke, die meine Tochter, statt an den Haken zu hängen, auf den Boden wirft. Da sollte ich sie doch zwingen. Ich kann den Kindern doch nicht alles hinterherräumen."

Mit Zwang werden wir Erfolg haben können, wenn es nur darum geht, dass die Arbeit erledigt ist. Abgesehen davon, dass die nachfolgende Generation bei Zwangsmaßnahmen und Liebesentzug lernt, wie ein anderer Mensch gezwungen wird, verliert der gezwungene Mensch die Freude am Tun. Wenn Marion gezwungen wird, Akkordeon zu spielen, wird sie wahrscheinlich lernen, ihr Instrument zu hassen. Wenn ein Kind gezwungen wird zur Hausarbeit, oder auch die Jacke an den Haken zu hängen, wird es lernen, die Hausarbeit zu hassen. Gemeinsam zu arbeiten und den Haushalt zu ordnen, ist eine schöne Tätigkeit, weil sie dazu beiträgt, dass sich die Menschen zu Hause wohl fühlen können. Hausarbeit wird den meisten Kindern vermiest, weil sie ihnen als etwas angeboten wird, was die Mutter selbst nicht leiden kann. So offeriert sie dem Kind Hausarbeit als etwas Unangenehmes. Sie sagt: „Immer muss ich hier den ganzen Dreck von euch wegmachen, es wäre nur fair, wenn ihr selbst mal was davon übernehmen könntet."

Stellen Sie sich vor, Sie gingen zum Bäcker und wollen zehn Brötchen kaufen. Der Bäcker stöhnt und sagt zu Ihnen: „Wie können Sie Brötchen kaufen, das finde ich unmöglich. Ich gebe mir den ganzen Tag Mühe und backe ein so leckeres knuspriges Brot. Ich finde es nicht in Ordnung, dass Sie nur das kaufen, was Ihnen gefällt. Sie könnten doch mal sehen, wie viel Mühe ich mir mit dem Brot gebe, und wenn Sie nett wären, könnten Sie dies mal anerkennen und jetzt ein Brot kaufen." Vielleicht ergänzt er sein Angebot, indem er noch sagt: „Also das sage ich Ihnen, wenn Sie weiter sich so unverschämt verhalten, dann verweigere ich Ihnen nicht nur die Brötchen, sondern auch noch den Zugang in meinen Laden."

Dieses Angebot würde uns zutiefst verstören, wahrscheinlich hätten wir den Laden zum letzten Mal betreten. Wir werden dann den Bäcker aufsuchen, der seine Produkte einladend präsentiert:

„Ich freue mich, dass Ihnen meine Brötchen schmecken, darf ich Sie einladen, mein Brot zu versuchen, ich habe Ihnen eine Scheibe abgeschnitten, die ich Ihnen anbiete. Bei diesem Brot habe ich ein Gewürz beigemischt, das den Geschmack außerordentlich verbessert. Möchten Sie probieren?" – Wer könnte hier noch widerstehen?

Genau so können wir unsere Kinder einladen. Ehrlich ist uns das nur möglich, wenn uns unser Produkt auch selbst gefällt. Wenn Sie gern einen ordentlichen Haushalt lieben, dann hört sich eine Einladung so an: „Ich sehe gerade, du spielst und hast eine Menge Spaß, ich freue mich, dass du dich so wohl bei uns fühlst. Damit wir es weiter so gemütlich haben, räume ich unser Haus auf und ich freue mich, wenn du mir dabei hilfst. Bist du dabei?"

Kinder werden nicht bei jeder Bitte um Mithilfe Ja rufen, so wie auch Sie nicht jedes neue Angebot Ihres Bäckers probieren wollen. Einladungen erhöhen die Wahrscheinlichkeit, dass sie angenommen werden. Gleichzeitig wird die Autonomie des Kindes geachtet. Befehle, die der Pflichterfüllung dienen, werden die Kooperationsbereitschaft der Kinder verringern.

Schnell nimmt er zu, wird stark und feist
An Leib nicht minder wie an Geist
Und zeigt bereits als kleiner Knabe

Des Zeichnens ausgeprägte Gabe.
Zunächst mit einem Schieferstiele
Macht er Gesichter im Profile;

Zwei Augen aber fehlen nie,
Denn die, das weiß er, haben sie.

3.2.2 Holzstapeln!

Eine Mutter, die vor Jahren die Freiwilligkeit für sich und ihre Familie entdeckt hat, erzählt: „Es war eine gewaltige Umstellung, den Kindern zu erlauben, nur noch freiwillig mitzuhelfen. Ich bin auf einem Bauernhof groß geworden. Wir hatten keine Wahl, jeder musste helfen. Ich erinnere mich, wie ich nach der Schule aufs Feld ging, um Garben zu lesen. Ich war so erschöpft, aber niemand kümmerte es. Erst wenn ich krank war, bekam ich die Erlaubnis, eine Pause zu machen. – Nachdem ich meinen eigenen Kindern sagte, dass mein Fragen um Mithilfe eine Einladung sei und sie keine Befehle mehr erhielten, hat sich unser Familienleben völlig geändert. Ich freue mich sehr daran, wie gern meine Kinder helfen. Letztens hat mein zwölfjähriger Sohn Holz gehackt und im Keller aufgestapelt. Eine Nachbarin kam vorbei und sagte: „Aber Felix, musst du am helllichten Tag Holz im dunklen Keller stapeln?" Er rief zurück: „Ich muss überhaupt nicht, bei uns muss niemand, ich mache das gern für unsere Familie, damit wir es im Winter warm haben." Früher hat er sich keinen Zentimeter bewegen lassen, wenn ich ihn versuchte zu zwingen. Was habe ich mich gefreut zu hören, wie er heute Freude an der gemeinsamen Arbeit hat."

3.3 Mit Respekt und Achtung erfüllt sich das Bedürfnis nach Liebe

3.3.1 „Rede freundlich mit deiner Mutter!"

Rolf sitzt am Morgen gemütlich am Bett seines 15-jährigen Sohnes Jonas und sie unterhalten sich angeregt und interessiert miteinander, eine Situation, die wie aus dem Bilderbuch die tiefe Verbindung von Vater und Sohn erahnen lässt. Marianne, die Mutter, betritt den Raum. Völlig überraschend für den Vater, brüllt Jonas mit lauter Stimme ihr entgegen: „Raus hier, sofort raus aus meinem Zimmer!" Rolf sieht Tränen in den Augen seiner Frau, er ahnt, dass sie sich persönlich angegriffen und auch abgewertet fühlt. Rolf versucht die Situation zu retten, indem er sagt: „Aber Jonas, kannst du nicht mit einem anderen Ton zu deiner Mutter reden, sie kommt hier völlig ahnungslos rein und wird so von dir angebrüllt." Jonas brüllt noch lauter: „Mann, die ist so empfindlich. Ich will eine Mutter, die nicht sofort flennt, eine die stark ist und nicht so weinerlich." Rolf wird das Ganze zu viel. Er fühlt eine Mischung von Entsetzen, Empörung und Erschrecken, über die ungewöhnlich harten Worte. Seinen Unmut äußert er, indem er sagt: „So möchte ich das nicht stehen lassen. Ich merke, ich habe keine Lust mehr, mit dir weiter zu reden. Kannst du in einem anderen Ton mit deiner Mutter reden?" Nachdem Jonas keinen Ton mehr von sich gibt und sichtlich mit finsterem Blick in seinem Bett sitzt, verlässt Rolf mit seiner Frau das Jugendzimmer, um sie vor der Tür tröstend in den Arm zu nehmen.

Eltern bieten schnell Korrekturhilfen an, wenn Kinder verbal ihrer Wut Raum geben und wenn die Kinder dabei eine Sprache verwenden, die sich im Ton vergreift, oder Worte benutzen, an die unsere Großeltern nicht einmal wagten zu denken. Kinder sollen kapieren, dass der Grenzübertritt einen Preis kostet, der die Beziehung empfindlich stört. Eltern wenden sich demonstrativ ab oder verweigern eine geplante Unternehmung. Diese so genannten Erziehungsmaßnahmen werden nicht durchdacht, sie entstehen spontan in den Köpfen der Eltern und drücken demonstrativ deren Empörung aus. Die Frage bleibt, ob das Ziel damit erreicht wird. Werden die Kinder ihre Reaktion zukünftig ändern? Vielleicht! Das Motiv wäre aber die Angst vor der schmerzhaften Reaktion. Häufig werden die jungen Menschen aber weiter so reagieren, weil auch bei ihnen unwillkürlich über die Lippen rutscht, was Ausdruck einer tiefen Verletzung ist.

Der mit der GFK vertraute Leser weiß hier schon, dass das verletzte Kind Empathie statt Erziehungsmaßnahmen braucht. Mit Empathie kann auf einer tiefen Ebene die Beziehung zwischen Eltern und Kind gestärkt werden und sich somit eine Basis verfestigen, auf der Erziehungsmaßnahmen überflüssig werden. Kinder werden ihrer Menschlichkeit entsprechend der wertschätzenden Haltung ihrer Eltern selbst mit Achtung begegnen.

Was hindert Rolf, seinem Sohn mit Empathie zu begegnen? Über seine Worte ist er gefangen in eigenen Gefühlen von Wut, Erschrecken und Entsetzen. Der Beziehungsabbruch ist die unwillkürlich erlernte Reaktion in solchen Situationen. Wahrscheinlich kennt er diesen von den eigenen Eltern. Es bleibt die unpersönliche erzieherische Empfehlung: „So redet man nicht!" Das Kind bleibt allein in seinem Schmerz, lernt sich abzuwerten, zu grollen oder eine Einstellung gegenüber den Eltern zu entwickeln, es sei ihnen doch gleichgültig. Diese Erziehung mag zwar funktionieren, ist aber weit entfernt von einer Verbindung, die sich Eltern und Kinder ersehnen. Sie ähnelt mehr einer Dressur statt einem erfüllenden liebevollen Umgang zwischen Menschen.

Rolf versucht sich zu erinnern. Was fühlt er noch Stunden nach dem Vorfall mit Jonas in seinem Körper. Der Körper hat die Anspannung gespeichert. Wenn Rolf den Ton und die Worte seines Sohnes hört, fühlt er in seiner Brust und in seinem Hals einen Kloß verbunden mit Erschrecken. Für ihn ist nicht nachvollziehbar, wie Jonas seine Mutter auffordert, die Zweisamkeit mit dem Vater nicht zu unterbrechen. Rolf konzentriert sich auf den Kloß und bittet sein Unbewusstes, eine Begebenheit aus seiner Kindheit zu erinnern. Nach kurzer Zeit erscheint eine Situation mit seinen Eltern, als er acht Jahre alt ist:

Seine Mutter ist genervt, kann ihm aber keine eindeutige Antwort auf sein Anliegen geben. Das Anliegen selbst hat er vergessen. Er hätte gern ein JA oder ein NEIN gehört. Die Mutter gibt unklare Antworten: „Ja vielleicht, ich weiß nicht, mal sehen ..." Rolf genügt die Antwort nicht, er fragt wiederholt nach und bekommt nur noch mehr Abweisung von einer Mutter, die mit den vielen Geschwistern beschäftigt, überfordert und deshalb scheinbar genervt ist. Der Vater tritt in den Raum, die Mutter sagt: „Der Rolf, der nervt mich!" Der Vater holt aus und gibt Rolf eine schallende Ohrfeige.

Rolf lässt in der erinnerten Situation den erwachsenen Rolf erscheinen, dieser redet zum inneren Kind: „Bist du jetzt erschrocken? Wolltest du Klarheit und eine Antwort für deine Frage und bekommst stattdessen eine schmerzhafte Ohrfeige? Ist es für dich Unrecht, wie mit dir hier umgegangen wird? Ist dir zum Heulen zumute und schluckst du die Tränen runter, um dem Vater nicht zu zeigen, wie sehr es dir weh tut? Ist es deshalb so schmerzhaft, weil du dir Respekt und Achtung wünschst? Wünschst du dir Verständnis von deinem Vater, er könne wahrnehmen, dass du eine klare Antwort von deiner Mutter erwartet hast? Fragst du dich, wieso deine Mutter so unklar bleibt? Ist dir eine Mutter lieber, die klare Anweisungen geben kann als eine, bei der du nie weißt, was ihr wichtig ist und was nicht? Brauchst du eine starke Mutter?"

Rolf fühlt eine innere Beruhigung, weil er merkt, dass er durch diese Empathie innerlich wächst und sich aufrichtet. Endlich wird auch seine Sicht gesehen. Gleichzeitig wird ihm bewusst, auch sein Sohn hat was von einer starken Mutter gesagt. Jetzt kann er die Sichtweise seines Sohnes einnehmen. Wollte dieser vielleicht nur sagen: „Mama, wenn ich mit Papa rede, dann ist das für mich eine kostbare Zeit, bitte bleib draußen"? Gleichzeitig war er sich wahrscheinlich nicht sicher, ob er seine Bitte stellen dürfe, denn aus früheren Begebenheiten wusste er, dass seiner Mutter schnell Tränen in die Augen steigen können. Diese Tränen irritieren ihn wahrscheinlich. Es wäre leichter, wenn sie seine Bitten nicht als Abwertung interpretieren würde. Rolf wird sich bewusst, dass sein Sohn gerade in dieser Situation seine väterliche Rückendeckung braucht. Was nützt es Jonas, wenn er hört, dass man so nicht mit seiner Mutter redet. Die barschen Worte seines Sohnes kann er jetzt nachvollziehen. Rolf wird auch bewusst, dass die Worte seines Sohnes auf ihn genauso unverständlich klangen, wie sich die unerwartete Ohrfeige seines Vaters anfühlte.

Ein empathisches Gespräch erscheint Rolf jetzt möglich und auch dringlich. Vielleicht hat Jonas dann auch den Mut, die Mutter um etwas zu bitten, von dem er befürchtet, sie könne es als Ablehnung verstehen. Jetzt wird er mit seinem Sohn reden können und ihm empathisch zuhören, während er gleichzeitig seiner Frau zugesteht, dass sie erwachsen genug ist, um mit ihrer Irritation selbst umzugehen.

Schon will er die Knaben strafen,
Welche thun, als ob sie schlafen.

Doch die Mutter fleht: „Ich bitt dich,
„Sei nicht grausam, bester Fittig!!"
Diese Worte liebevoll
Schmelzen seinen Vatergroll.

3.3.2 Welche Entscheidung treffe ich?

Claudia, 16 Jahre, ist im Gespräch mit ihrer Mutter:

C.: „Ich will heute Nachmittag nicht in den Sportunterricht gehen, es wird mir alles zu viel. Ich will lieber für die Französisch-Arbeit lernen. Kann ich zu Hause bleiben?"

M.: „Brauchst du meine Erlaubnis oder möchtest du, dass ich dir bei deiner Entscheidung helfe?"

C.: „Ich weiß nicht, wie ich mich entscheiden soll."

M.: „Das ist schwer, einerseits macht dir Sport Spaß, andererseits drückt dich die Arbeit, du willst gut vorbereitet sein. Ich habe den Eindruck, ich kann das nicht für dich entscheiden."

C.: „Wirst du mir eine Entschuldigung schreiben, die ich brauche, wenn ich zu Hause bleibe?"

M.: „Das bringt mich in einen Konflikt. Einerseits ist mir Ehrlichkeit wichtig, Lehrer anlügen ist nicht mein Stil. Andererseits halte ich eine Schule für überholt, die Jugendliche zwingt, etwas zu tun, was sie nicht für sich selbst wählen wollen. Freiwilligkeit ist mir wichtig. Ich will dich unterstützen, dass du die Entscheidung treffen kannst, hinter der du stehst."

C.: „Wenn ich ehrlich in mich hineinfühle, habe ich etwas Kopfschmerzen."

M.: „OK, das hilft mir in meiner Zwickmühle. Ich kann schreiben, dass meine Tochter angibt, dass sie Kopfschmerzen hat."

Zehn Minuten später packt Claudia ihre Sporttasche und sagt, „ich habe mich entschieden: Ich bin gern beim Sport, es bleibt auch noch genügend Zeit zum Lernen, die Note 4 ist für mich ausreichend, ich wähle den Sport und gehe jetzt. Tschüss."

3.4 Unter der Wut kann Liebe schlummern

3.4.1 „So darfst du nicht mit mir reden!"

> Jutta ist mit ihrer Tochter unterwegs, um Möbel anzuschauen. Die zwölfjährige Simone braucht ein neues Bett, das alte ist zu klein. Obwohl Simone schnell weiß, welches Bett sie kaufen möchte, braucht Jutta noch das Einverständnis ihres Mannes. Simone ist ärgerlich, sie ist davon ausgegangen, dass die Eltern das schon besprochen hätten, bevor sie in den Möbelladen gehen. Als Jutta sagt: „Nein, das Bett wird heute nicht gekauft!", antwortet Simone mit grimmigem Blick mit dem A-Wort. Jutta schämt sich, davon zu berichten, welches Fäkalienwort ihre Tochter verwendet, um ihren Ärger auszudrücken. Sie sagt, dass sie solche Worte in der Familie nicht verwenden. Völlig entsetzt korrigiert sie die Tochter: „So nicht! Ich habe die Lust verloren, mit dir noch weitere Besorgungen zu unternehmen, Feierabend!"

Jutta ist wütend: Wieso verwendet ihre Tochter verbale Kraftausdrücke, wenn es nicht so läuft, wie sie es sich vorstellt? Jutta spürt einen Stich in ihrer Brust, wenn sie hört, mit welchen Worten Simone ihrer Wut freien Lauf gibt. Es ist naheliegend, dass Jutta erzieherische Maßnahmen ergreift, indem sie die Tochter korrigiert. Sie weist darauf hin, wie sie trotz Wut mit der Mutter respektvoll reden soll. Gleichzeitig fühlt Jutta sich ohnmächtig, denn schon oft hat sie Simone gesagt, sie solle in Wut Worte wählen, in der auch der Respekt zur Mutter bestehen bleibt. Simone darf ihren Ärger ausdrücken, dabei aber die Person nicht angreifen. Jutta ist klar, dass die Tochter bewusst verletzende Worte wählt, weil sie so ihrem Schmerz Ausdruck geben kann. Es macht wenig Sinn sie zum wiederholten Mal zu korrigieren. Also versucht Jutta, sich ihrer eigenen Verletztheit zuzuwenden. Sie sagt zu Simone: „Simone, ich nehme deine Wut wahr und bin betroffen über die Heftigkeit deiner Worte. Jetzt brauche ich ein wenig Abstand, um mich zu beruhigen. Dafür brauche ich Zeit, um herauszufinden, was sich in mir abspielt. Kannst du auf meine Antwort warten?" Simone nickt finster und antwortet: „Immer das gleiche mit dir, du bist empfindlich bis zum Anschlag."

Jutta konzentriert sich und erinnert sich. Ihr fällt eine Geschichte von der Nacht zum 1. Mai ein:

> „Ich war ungefähr zehn Jahre alt. In unserem Dorf ist es Brauch, abends vor dem Feiertag auf den Straßen Streiche zu spielen, Dinge zu verstecken und Maibäumchen zu stellen. Meine Freundin und ich fanden das ziemlich spannend und wollten abends länger als sonst draußen bleiben um mitzumachen. Als ich meine Mutter um Erlaubnis fragte, bekam ich leider ein Ausgehverbot. Aber schlau wie ich damals war, suchte ich nach einer neuen Taktik und ich fragte, ob ich bei meiner Freundin schlafen dürfte. Diesmal bekam ich ein Ja zu hören. Ich war happy, so konnte ich doch abends noch auf die Gasse gehen ohne Mamas Wissen. Doch leider hat meine Mutter uns beim Herausheben von Gullischachtdeckeln gesehen! Da war Alarmstufe Rot angesagt. Schnell rasten wir ins Haus meiner Freundin und zogen den Schlafanzug an. Da klingelte es auch schon an der Haustür. Wutentbrannt zog meine Mutter mich aus dem Bett und schleppte mich heim. Ich versank vor Scham fast im Erdboden. Zu Hause prügelte sie so lange auf mich ein, bis ich auf dem Boden

lag. Für sie war ich eine Lügnerin. Wehe, jemand hält sich nicht an die Zehn Gebote! Am Morgen danach bin ich zu ihr in die Küche gegangen und habe das brave Kind gespielt und mich förmlich für mein Vergehen entschuldigt. Innerlich spürte ich aber das Gegenteil: Ich fühlte durch die Verurteilungen Einsamkeit und vor allem Enttäuschung. Wenn ich jetzt daran denke, wie ich mich entschuldigt habe, spüre ich immer noch einen Kloß im Hals. Später hat die Mutter meiner Freundin mich gefragt, ob ich Schläge zu Hause bekommen habe. Dies habe ich aus Scham verneint. Meine Schwester hat es dann doch meinen Freundinnen erzählt. Und die Wahrheit über die Folgen dieses Abends kam heraus. Mir war das so peinlich. Es vermittelte mir: Ich bin nicht in Ordnung."

Jutta wird sich bewusst, dass die Schläge der Mutter gut gemeint waren: Sie wollte die Tochter zur Ehrlichkeit erziehen, zu einem Menschen, der sich an die Zehn Gebote hält. Die Folgen spürt sie bis heute als verletzend. Es war ihr nicht erlaubt, Wut und Ärger auszudrücken. Sie lernte, den Ärger zu schlucken und sich zu entschuldigen, so wie es die Mutter erwartete. Jutta entwickelte die Überzeugung, dass sie als Mensch nicht in Ordnung sei.

Tränen steigen in ihr auf. Hier im Laden kann sie sich nicht die Einfühlung geben, die sie braucht. Ihr wird aber bewusst, dass Simone sich ungerecht behandelt fühlt. Sie möchte ihr vermitteln können, dass sie als Mensch in Ordnung ist, auch wenn sie sich auf eine Weise verhält, wie sie es als Mutter nicht tolerieren will.

Sie sagt zu Simone, die die Tränen in den Augen der Mutter bemerkt hat: „Siehst du meine Tränen und bist jetzt irritiert, weil du dich fragst, was das mit dir zu tun hat? Zuerst: Es ist in Ordnung, dass du deiner Wut Ausdruck gibst. Lass uns darüber reden, wie du es zeigen kannst, ich dich hören kann und wir uns beide wohl fühlen können. Meine Tränen gehören in eine frühere Zeit. Du bist als Mensch in Ordnung, auch wenn ich hier weine. Ich erinnere mich an früher, ich kann es dir mal erzählen, aber nicht jetzt. Ich bleibe bei meinem NEIN wegen dem Bett. Ich brauche die Rücksprache mit Papa. Ich bedaure, dass ich das zuvor nicht klar dir gegenüber ausgedrückt habe. Für mich ist dein Ärger nachvollziehbar. Können wir das jetzt ruhen lassen? Es ist in Ordnung, wenn du weiter deinen Ärger fühlst. Brauchst du Verlässlichkeit in Absprachen?"

Jutta hat sich Hilfe geholt für die erinnerte Geschichte. Allein hat sie es nicht geschafft, sich Einfühlung zu geben. Der Schmerz war zu groß. Empathie von einem anderen Menschen zu bekommen, ist so, als ob der andere seinen inneren Raum zur Verfügung stellt. So ist mit dem gemeinsamen Raum von zwei Menschen genügend Platz da, das auszudrücken, was für einen Menschen allein viel zu groß ist.

Die erwachsene Jutta (E.) sucht das zehnjährige Kind (K.) in der erinnerten Szene am Morgen auf, wo sie sich bei der Mutter reumütig entschuldigt. Beim Entschuldigen fühlt sie eine tiefe Scham. Die Stimme der erwachsenen Jutta bekommt sie von mir geliehen.

E.: „Schämst du dich, weil das gestern passiert ist? Hat die Scham was damit zu tun, weil das was Mama wichtig ist, dir auch wichtig ist?"
K.: „Ich bin traurig, weil die Zehn Gebote meiner Mutter wichtiger sind als meine eigene Person."
E.: „Bist du traurig, weil du die Liebe deiner Mutter wieder fühlen möchtest, statt dich um die Erfüllung der Zehn Gebote zu kümmern."
K.: „Ja, ich bin so unsicher darüber, wie schlecht ich als Mensch bin."
E.: „Könnte es dir helfen, wenn ich deine Mutter frage?"
Jutta nickt.

Ich leihe weiterhin der erwachsenen Jutta meine Stimme. Die erwachsene Jutta redet zur Mutter. Hierbei übernimmt Jutta die Position ihrer Mutter:

E.: „Jutta ist erschrocken, weil sie gestern von dir geschlagen wurde. Sie weiß gar nicht genau, wie sie das verstehen kann. Sie möchte es verstehen. Kannst du ihr sagen, was da in dir vorging?
M.: „Ich habe sie geschlagen und das ist nur gerecht. Ich bin als Kind jeden Tag geschlagen worden, ob es einen Grund gab oder nicht. Bei Jutta gab es einen Grund und sie hat deshalb die Schläge verdient. Ich schlage nicht grundlos."
E.: „Ist dir Gerechtigkeit wichtig und möchtest du, dass diese wieder hergestellt wird?"
M.: „Ja!"
E.: „Ich bin traurig, weil mir die liebende Verbindung zwischen dir und deinem Kind wichtig ist und Jutta diese nicht mehr wahrnimmt. Liebe ist mir wertvoller als die Gerechtigkeit. Kannst du das nachvollziehen?"

Die Mutter antwortet nicht, dreht sich um und geht.

E. zum Kind: „Bist du traurig, weil du dich nach der liebenden Verbindung zu deiner Mutter sehnst? Möchtest du wieder die Liebe zwischen dir und Mama fühlen können?"
K.: „Ja, ich bin sehr traurig. Irgendwie sind Mama die Zehn Gebote wirklich wichtiger als ich es ihr bin. Sie stellt Ehrlichkeit über mich. Ehrlichkeit ist mir auch wichtig, aber ich habe die Situation anders verstanden. Ich hatte das Verbot gehört, dachte aber, es ist eine gute Idee, ich dürfe es umgehen, denn bei meiner Freundin gelten doch andere Regeln."
E.: „Sagst du deshalb ‚Entschuldigung' zu deiner Mutter, damit sie dich wieder sehen kann und dir dann wohlgesonnen ist?"
Jutta nickt weinend.
E.: „Sehnst du dich danach, sie würde sich für deine Wahrnehmung der Situation interessieren und dich zu Wort kommen lassen?"
Jutta nickt weinend.

E.: „Erlebst du es wie eine Entwürdigung deiner Person, wenn du dich entschuldigst, die du aber in Kauf nimmst, um Mama zu bewegen, dass sie dich wieder sehen kann?"
Jutta nickt.
E.: „Eigentlich hast du ein inneres Wissen, dass du als Mensch wichtiger bist als ein Gebot und ersehnst, dass Mama es auch so sehen könnte? Dieses innere Wissen sagt dir: ‚Ein Mensch ist wichtiger als alle Gebote.' Dieses stellst du zurück und passt dich an das an, was Mama glaubt, damit du ihre Liebe bekommst. Du brauchst als Kind diese Liebe, die ist lebensnotwendig. Mit deiner Entschuldigung machst du ihre Überzeugung scheinbar zu deiner. Könnte das sein?"
K.: „Ich muss doch übernehmen, was die Erwachsenen glauben, die ich liebe, denn sonst stoßen sie mich weg und treten mich mit Füßen."
E.: „Ich kann das gut nachvollziehen. So wurden bisher Kinder erzogen."

Nachdem Jutta ihre innere Vorstellung verlassen hat, sagt sie: „Mir wird bewusst, dass ich in meiner Kindheit lernte, mein natürliches Empfinden zurückzustellen. Ich wurde darauf trainiert, das wahrzunehmen und zu übernehmen, was meinen Eltern wichtig war, auch wenn ich eine andere Überzeugung hatte. Das tat ich, um mir ihre Liebe zu erhalten. In der obigen Situation habe ich als Kind tatsächlich gemeint, das Verbot, abends auf die Straße zu gehen, gilt nur in unserem Haus. Ich fand es eine gute Idee von mir, zur Freundin zu gehen, denn so konnte ich mir erlauben, meinem starken Wunsch nachzugehen, mich den anderen Kindern anzuschließen und mir Streiche auszudenken. Ich hätte eine Mutter gebraucht, die gekommen wäre und mir gesagt hätte, dass ihr Nein gilt, auch wenn ich in einem anderen Haus übernachte. Das hätte mir auch nicht gefallen, aber ich hätte mich als Person gewürdigt gefühlt. Mein Wille, auf die Straße zu gehen, hätte bestehen dürfen und es wäre leicht für mich gewesen, die Verbindung zu meiner Mutter wahrzunehmen. Scheinbar lernen wir als Kinder, unsere Fühler nach dem auszustrecken, was anderen Menschen wichtig ist, und verlernen dabei die Fähigkeit, unsere Fühler zum eigenen Wollen und Empfinden auszustrecken. Kann das sein?"

Die heilende Kraft der Empathie · 77

Die gute Schwester Anna spricht
Zu Bruder Karl: „Ach, nasche nicht!"

Doch der will immer weiter lecken,
Da kommt die Mutter mit dem Stecken.

3.4.2 Mathematik-Hausaufgaben

Ammo ist in der dritten Klasse. Er fragt seinen Vater:

A.: „Papa, kannst du mir helfen? Wie geht das?"
V.: „Das geht so, du musst die Zahl ...", nach einer Weile ...
A.: „Ich kann das nicht ...", sagt Ammo mit weinerlicher jammeriger Stimme, er dreht den Kopf zur Seite und legt ihn auf den Arm. „Ich kann jetzt nicht mehr zuhören und denken!"
V.: „Ist dir das gerade zu viel hier?" Ammo nickt.
V.: „Wärst du gern mit Mathematik fertig?" Ammo nickt.
V.: „Was passiert eigentlich, wenn du die Hausaufgaben nicht machst?"
A.: „Dann kriege ich einen Strich ... und bei drei Strichen muss ich nachsitzen."
V.: „Nun, mir scheint, du möchtest schnell mit den Hausaufgaben fertig sein, oder?"
A.: „Ja."
V.: „Du willst es einfach hinter dir haben?"
A.: „Ja."
V.: „Und dir ist egal, ob richtig oder falsch, Hauptsache fertig?"
A.: „Ja."
V.: „Und es belastet dich, wenn du nicht fertig bist."
A.: „Ja."
V.: „Du kannst gar nicht entspannt spielen, wenn du noch Hausaufgaben vor dir hast, oder?"
A.: „Ja."
V.: „Und Spaß macht dir das auch nicht wirklich, würdest lieber etwas machen, woran du Spaß hast?"
A.: „Ja."
V.: „Es ist wirklich schwer für dich, wenn du schnell fertig werden willst, damit du Sachen machen kannst, die dir Spaß machen, und wenn du dann merkst, dass es nicht so schnell klappt, wie du es gern hättest." Ammo nickt.
V.: „Und wenn dir der Papa das dann noch erklärt, weil er möchte, dass du es verstehst, kannst du gar nicht zuhören, weil es dich nicht interessiert und du eigentlich nur schnell fertig werden möchtest!"
A.: „Ja."
V.: „Da will ich mit dir mal gemeinsam überlegen, wie es für dich leichter werden kann."

Ammo möchte die Hausaufgaben fertig haben, um sich frei fürs Spielen zu fühlen. Wenn er merkt, dass sein Plan von „schnell" nicht aufgeht, entsteht eine Blockade. Wenn dann der Vater versucht, die Mathematikaufgaben zu erklären, mit der Absicht, dass der Sohn sie versteht, passt das in dem Augenblick nicht zusammen. Er müsste den Sohn also motivieren, was diesen inhaltlich nicht interessiert. Kann das gehen?

Wenn Ammo die Mathematik-Aufgaben unwillig löst, lernt er wie Jutta, sich nach dem zu richten, was anderen Menschen wichtig erscheint. Kinder lernen das zu tun, was erwachsene Menschen von ihnen wollen. Sie tun es, ohne dass es der eigenen Überzeugung entspricht. Wie viele Menschen stellen das eigene Leben hinter die Interessen anderer Menschen, um sich Ärger zu sparen? Sie übernehmen Verantwortung für das Wohlergehen der Menschen, indem sie deren Werte einhalten. Der Körper zeigt Widerwillen oder auch Scham. Mit der Zeit wird diese Rückmeldung nicht mehr bemerkt und es wird normal, die eigenen körperlichen Rückmeldungen zu ignorieren. Sie ordnen sich den Menschen unter, von denen sie sich abhängig fühlen und stellen ein selbstverantwortliches Leben zurück. Sie verlernen, die eigenen Bedürfnisse wahrzunehmen, und meinen, dies sei so in Ordnung. Wenn die Gewaltfreie Kommunikation geübt wird, braucht es viel Aufmerksamkeit und Einfühlungsvermögen und die Hilfe anderer übender Menschen, um wieder das eigene Bedürfnis wahrzunehmen, anzuerkennen und sich die Erlaubnis zu geben, dass es erfüllt werden darf.

Wie viele Menschen leben heute, was sie selber wollen? Es ist zur limbischen Gewohnheit geworden, das eigene Bedürfnis zu vergessen. Wie viele Menschen ordnen sich dem unter, was ein anderer von ihnen will? Der andere kann der Ehepartner, es können die Kinder sein, die Verwandtschaft, die Werbung, die Politik, die Lehrer der Kinder, die Tourismusbranche, die Autoindustrie, das Konsumangebot.

In vielen Fällen haben die Eltern Erziehung zur Disziplin und Gehorsamkeit angewendet, weil sie fürchteten, Kinder könnten „Egoisten" werden, die die eigenen Bedürfnisse über die der anderen stellen. Die Absicht der Eltern war gut gemeint, die Auswirkung ist fatal. Da die Eltern – in der Absicht, es gut zu meinen – die Kinder wegen ihrem „Egoismus" beschimpften und disziplinierten, lehrten sie diesen. Indem sie zur Unterordnung erzogen, lebten sie den Kindern vor, du hast ein Recht, den anderen zu disziplinieren, wenn du älter und stärker bist. Aus diesem Grund lernten die Kinder, groß und stark zu werden, um dann die eigenen Interessen anderen Menschen mit den Methoden ihrer Eltern einzurichten.

3.5 Gehorsam und Autonomie sind wie Feuer und Wasser

3.5.1 Nein sagen dürfen

In der Kultur, in der wir aufwuchsen, war es für Eltern eine erfolgreiche Erziehung, wenn Kinder lernten, aufs Wort zu gehorchen. Das war nicht nur in der eigenen Familie so, sondern in jeder anderen Familie, zu der das Kind Kontakt hatte.

Wenn der Vater sagte: „Hol mir ein Bier aus dem Keller rauf", dann war diese Anweisung erfolgreich, wenn das Kind ohne Murren sich auf den Weg machte und zwar schnell und dabei am liebsten noch mit freundlichem Ton kommentierte: „Aber klar doch Papa!"

Heute hört sich das manchmal gerade andersherum an.

> Der achtjährige Janosch sagt zu seiner allein erziehenden Mutter: „Mama, los, ich brauche was zu trinken, gib mir sofort!" Peggy schluckt innerlich und ist unentschlossen. „Wie kann mein Sohn bloß so unhöflich sein, was habe ich ihm denn da beigebracht, ich bin doch auch freundlich, woher hat er das bloß?" Wenn sie in sich hineinhört, fühlt sie eine Kränkung. „In diesem Ton möchte ich nicht angesprochen werden – wenn er diesen Ton benutzt, dann tut mir das weh."

Aus der Gewaltfreien Kommunikation wissen wir, dass jedes Erleben in uns selber entsteht. Der Sohn hat keinen Einfluss auf das innere Erleben der Mutter. Niemand kann das Erleben eines anderen Menschen steuern, weil der andere ein Wesen ist, das sein Erleben autonom organisiert, also selbst reguliert und bestimmt – allerdings häufig unbewusst.

Ich möchte dem Missverständnis vorbeugen, dass hier jemand hören könnte: „Dann ist es ja egal, wie ich rede und mich verhalte, der andere ist selbst verantwortlich für seine Gefühle." Auch als Sender trage ich Verantwortung für die Verpackung meiner Botschaft und diese ist wie eine Klimabedingung. Das Wetter schafft die Voraussetzung, ob es im Freien gemütlich oder unwirtlich ist. Es gibt Klimabedingungen, die es den Menschen erleichtern, sich gerne im Freien aufzuhalten. So können wir auch in der Kommunikation Klimabedingungen schaffen, die die Wahrscheinlichkeit erhöhen, dass der andere sich nicht warm anziehen muss, um zu überleben. Trotzdem kann auch unter optimalen mitteleuropäischen warmen Klimabedingungen jemand frieren, weil er aufgrund seiner persönlichen Bedingungen dafür Gründe hat und zum Beispiel gerade eine Viruserkrankung entwickelt.

Peggy ist gekränkt, nachdem ihr Sohn auf seine Art um Wasser bittet. Wie erschafft sie diese Kränkung?

Zunächst sind der Ton und der Inhalt der Worte des Sohnes Schallwellen, die auf das Trommelfell treffen. Treffen diese Schallwellen auf ein Mikrofon, könnte ein

Tonband diese Wellen aufzeichnen und bei entsprechender Betätigung diese wieder abspielen. Hört sich ein Chinese diese Aufnahme an, kann er die deutsche Sprache hören, aber nicht verstehen. Sein inneres Erleben ist Interesse, aber wahrscheinlich nicht Kränkung. Peggy hört den Ton des Gesagten und fühlt die Kränkung. Gleichzeitig nimmt sie nicht nur über das Ohr, sondern auch über andere Sinne – wie das Auge – auf, wie das Gesicht des Sohnes aussieht, während er die Botschaft sendet. Auch sieht sie, welche Körperhaltung er einnimmt. Alle diese Sinneseindrücke werden vom Gehirn erkannt. Angeblich sind für das Sehen nur zu 17 Prozent die Sinne zuständig, der Rest des Bildes entsteht durch innere Verschaltungen. Die Sinne führen im Gehirn zu einem inneren Erleben, welches an einen früheren Vorfall erinnert, der mit einer Kränkung verknüpft war.

Durch die gefühlte Kränkung weiß eine in Gewaltfreier Kommunikation trainierte Mutter: „Weil ich so fühle, habe ich ein Urteil über meinen Sohn im Kopf: „Er ist unverschämt und rücksichtslos und so sollte er nicht sein." Sie verbindet sich nun mit den vier Schritten der GFK: Die Beobachtung ist: „Er hat gerade gesagt, er möchte etwas trinken." Das Gefühl ist: „Ich bin enttäuscht, ..." Das Bedürfnis ist: „... weil mir Respekt wichtig ist und das erfüllt sich für mich, wenn mein Sohn in einem Ton redet, den ich als respektvoll erlebe." Die Bitte an ihn ist: „Kannst du mir sagen, ob du verstanden hast, was mir wichtig ist?"

Wenn sie nun auf das Urteil verzichtet und stattdessen ihre Aufmerksamkeit auf die vier Schritte der GFK lenkt, sich mit ihrem unerfüllten Bedürfnis verbindet, kann sie sich beruhigen. In der Hypnotherapie wird dies eine Veränderung der Aufmerksamkeitsfokussierung genannt. Dies bedeutet, dass sie sich statt auf die Kränkung zu konzentrieren, ihre Aufmerksamkeit auf Bedürfnisse richtet. Gerade diese veränderte Sichtweise wird von vielen Menschen als hilfreich erlebt und erklärt auch die Liebe zur GFK, weil sich jeder besser fühlt, der sein Bedürfnis findet.

Der Nachteil ist, dass dieser Prozess zeitaufwendig ist. Marshall Rosenberg kommentiert hier: „Am besten reden Sie fünf Minuten mit Ihren Kindern und dann lassen Sie sich zwei Stunden Einfühlung geben, um dann wieder mit den Kindern weiterzureden!" Auch ich erinnere mich an Auseinandersetzungen, wo ich den gesamten Abend brauchte, um mein unerfülltes Bedürfnis zu finden. Meiner Erfahrung nach braucht auch die empathische Verbindung mit dem eigenen Kind Zeit und Aufmerksamkeit. Ist die damalige Situation, die dem limbischen System als Vergleich dient, empathisch begleitet, dann kann auf Dauer in ähnlichen Situationen Gelassenheit wachsen.

Welcher Aspekt des Geschehens führt dazu, dass Peggy mit Kränkung reagiert – schneller als ihr Großhirn ein Urteil fällen kann: „So darf er doch nicht mit mir sprechen!"

Ich bitte Peggy, ihre Kränkung zu fühlen. Sie erinnert sich an die Worte ihres Sohnes und lokalisiert das Gefühl der Kränkung über ihrem Herzen. Nun bitte ich sie, diese Empfindung genau wahrzunehmen und ihre Aufmerksamkeit in ihre Kindheit zu schicken, um mir zu erzählen, an was sie sich erinnert. Sie sagt: „Ich kann mich nicht an eine bestimmte Begebenheit erinnern, aber ich erinnere mich an die Stimmung, die meine Mutter verbreitete, wenn ich auf ihre Bitte mit Nein antwortete. Sie hat dann empört geschaut und mir auf verschiedensten Wegen vermittelt, dass ich erst wieder ein liebenswerter Mensch sein kann, wenn ich das tue, was ihr momentan wichtig ist."

Peggy lernte in ihrer Kindheit in den verschiedensten Situationen Mutters Wert kennen: Ein Kind hat der Mutter zu gehorchen! Wenn die Mutter etwas möchte, dann ist zu folgen, und zwar ohne Murren. Dies wurde in einer Art Verhaltenstraining erlernt, denn wenn gefolgt wurde, gab es Zuwendung, wenn nicht, dann folgte Strafe in Form von Liebesentzug. In diesem Lernprogramm lernte sie schnell und wurde ein folgsames Mädchen. Die Erfahrung von Liebesentzug hat sie individuell bei sich gespeichert: „Wenn ich nicht gehorche, dann wendet der andere sich ab und das tut mir weh." Das Gehirn knüpft dieses Gefühl von Kränkung nicht allein an die Person Mutter, sondern an alle Personen, die wie die Mutter emotional wichtig sind. Somit verallgemeinert ihr Gehirn: Gehorche allen dir emotional wichtigen Personen, ansonsten kommt unwillkürlich das Gefühl Kränkung in deinem Körper als eine Warnung, die dir helfen soll, in dieser Welt zu überleben. Die erlernte unwillkürlich ablaufende Logik heißt, erinnere dich an Gehorsam, wenn du Kränkung spürst. Dann wirst du erleben, dass du wieder geliebt wirst. Sei gehorsam, auch wenn dein Sohn dir Befehle gibt.

Peggy will rational nicht an Gehorsam denken. Sie hat einen Konflikt zwischen ihrer Ratio und der unwillkürlichen Körperreaktion, der Gehorsam verlangt: „Ich will hier sitzen und nicht gleich was für ihn tun, besonders nicht wenn er diesen Ton benutzt." Die Zeiten haben sich geändert: Sie ist nicht mehr das von der Mutter emotional abhängige Wesen und deshalb entstehen zugleich die Gedanken: „Also so geht das ja wohl nicht, nicht mit diesem Ton!" Die Kränkung wird jetzt noch gemischt mit Wut.

Sie könnte sich sagen: „Das mit dem Gehorsam ist doch vorbei, da kann man doch differenzieren. Heute ist Liebesentzug für mich als Erwachsene kein so großes Drama mehr wie damals, als ich ein Kind war." Sie kann sich auf ihr Bedürfnis nach „ich möchte wahrgenommen werden" konzentrieren und gut für sich sorgen.

Trotzdem ist mit Logik nicht zu verhindern, dass Peggy in einer nächsten Situation wieder unwillkürlich Kränkung erlebt.

Aus diesem Grund braucht Peggy als Kind für ihre unerfüllten Bedürfnisse Einfühlung. Wenn sie die Situation erinnert, ist es für ihr Gehirn so, als ob es jetzt passiert. Sie fühlt den Schmerz, als ob jetzt die Mutter sich abwendet und sie noch ein kleines Kind ist. Peggys Körper fühlt den Schmerz von damals.

Es ist wie in einem Albtraum, den wir nachts träumen. Da haben wir auch vergessen, dass wir gemütlich im warmen Bett liegen. Weil das Gehirn einen Horrorfilm abspielt, reagiert der Körper so, als wären wir real das Opfer. Der Körper bekommt Signale, die Angstschweiß und schnelle Atmung bewirken.

Ich ermutige Peggy, sich an die damalige Situation als kleines Kind zu erinnern. Sie sagt: „Als Kind schmerzt es mich, wenn Mutter wegschaut und mich ignoriert, weil ich nicht gehorsam bin."

Ich bitte sie nun, sich vorzustellen, wie sie selbst als erwachsene Person mit ihrer ganzen Lebenserfahrung und auch Einstellung diesem Mädchen begegnet. Dabei schlage ich ihr vor, in die Rolle des kleinen Mädchens zu schlüpfen und zu horchen, was die Erwachsene (E.) jetzt zu ihr als Kind (K.) oder zu ihrer Mutter (M.) damals redet. Die Stimme der Erwachsenen übernehme ich. Die vergangene Situation wird jetzt in der Gegenwart neu erlebt.

E.: „Bist du verzweifelt, weil du dir so sehr wünschst, dass deine Mama sich dir wieder zuwendet?"
K.: „Ja, aber ich war doch ungehorsam."
E.: „Hast du die Überzeugung in dir, dass du die Abwendung deiner Mutter verdienst und dass nur gehorsame Mädchen es wert sind, von ihrer Mama geliebt zu werden?
K.: „Irgendwie schon!"
E.: „Gleichzeitig kannst du ihre Abwendung gar nicht aushalten, weil du dich so sehr danach sehnst, dass Mama dich wieder lieb hat?"
K.: „Ich will aber nicht immer das machen, was Mama will, ich habe keine Lust!"
E.: „Bist du in einem Zwiespalt, weil du auch mal Nein sagen möchtest und auf dich hören willst? Aber dann erlebst du, dass Mama dich wie Luft behandelt. Weißt du jetzt gar nicht, wie du dich entscheiden willst? Egal wie du es machst, es tut dir weh: Wenn du Nein sagst, dann redet sie nicht mehr mit dir. Wenn du das machst, was Mama will, dann wirst du dem untreu, was dir wichtig ist."
K.: „Ja, ich bin ganz verzweifelt."
E.: „Bist du verzweifelt, weil du dich so nach Mama sehnst und du dir von ganzem Herzen wünschst, sie könne dich auch dann lieb haben, wenn du das machst, was für dich wichtig ist?"

Das innere Kind nickt und weint. Eine lange Pause entsteht, in der der Schmerz Raum bekommt. Danach wendet sich die Erwachsene der damaligen Mutter zu:

E.: „Mutter, ich weiß, du hast viel Arbeit und Sorgen und du möchtest dein kleines Mädchen gut erziehen und das bedeutet für dich, dass sie gehorsam ist."

Ich frage Peggy, was sie meint, was die Mutter antworten wird ... und die vor mir sitzende Frau, die eben in der Rolle des kleinen Kindes war, antwortet nun für die Mutter.

M.: „Klar, sie ist so ungehorsam, Kinder müssen folgen!"

E.: „Ich komme hierher und besuche die Kleine, weil ich ihre Not wahrnehme. Bei allem Respekt vor dir kann ich deine Sicht nicht teilen. Ich komme aus einer Welt, in der man heute erkannt hat, dass Gehorsam den Menschen nicht weiterhilft. Wenn Kinder jetzt Gehorsam lernen, dann können sie in der Welt, in die sie hineinwachsen, nicht Nein sagen, wo es aber sehr wichtig ist. Sie brauchen dringend die Fähigkeit, Nein zu sagen. So zum Beispiel, wenn in der Werbung gesagt wird, sie müssen alles kaufen oder wenn sie bei allem Überfluss ein drittes Stück Torte essen sollen, obwohl sie schon satt sind, dann werden diese Menschen übergewichtig. Ich möchte, dass die Kleine dringend lernt, Nein zu sagen – das braucht sie. Aus lauter Liebe zu dir lernt sie nur das Ja sagen, weil Nein von dir nicht toleriert wird, und dann sagt sie auch Ja zu ihren Kindern, wenn die was von ihr verlangen."

M.: „So habe ich mir das noch nie vorgestellt."

E.: „Bist du bereit, dich darauf einzulassen und sie jetzt zu unterstützen, das Nein zu lernen?"

M.: „Ich weiß nicht, ob ich das kann, ich musste auch immer folgen."

E.: „Bist du traurig und hättest dir manchmal auch gewünscht, dass du für dich entscheiden konntest?"

M.: „Ja, aber wir hatten Krieg!"

E.: „Klar, und das Gehorchen hat dir im Krieg wirklich gut geholfen, weil es ums Überleben ging. Heute geht es nicht mehr nur allein ums Überleben, da braucht man auch die innere Erlaubnis zum Nein sagen, weil es mehr Angebote gibt, als man annehmen kann."

M.: „Das ist mir alles zu kompliziert."

E.: „Bist du bereit, deine volle Unterstützung für die Kleine zu geben, ich kann dich anleiten!"

M.: „Na gut, ich will es probieren."

E.: „Als erstes wäre es jetzt wichtig, dass die Kleine weiß, dass du sie lieb hast, auch wenn ihr unterschiedlicher Meinung seid."

Jetzt sagt Peggy, in der Rolle des Kindes: „Ich sehe, wie mich meine Mutter liebend anschaut und das tut mir so gut. Ich kann verstehen, dass sie damals so gehandelt hat, aber jetzt ist sie mir wohlgesonnen."

Ich bitte Peggy, nachdem sie die wohlwollende Mutter genügend genossen hat, wieder in die Gegenwart einzutreten, denn ich merke, dass sie als Kind ein neues Erleben hat. Sie darf jetzt auch Nein sagen, was damals völlig unmöglich war. Mit dem neuen Erleben: „Meine Mutter ist mir wohlgesonnen, auch wenn ich Nein sage", kann sie sich jetzt ein Nein erlauben.

Ich bitte Peggy sich nochmals zu erinnern, wie der Sohn ruft, als er was trinken will.

Sie sagt: „Jetzt höre ich ihn, aber ich fühle keine Kränkung mehr. Ich kann ihm ruhig sagen: ‚Janosch, bist du bereit, in einem anderen Ton deine Bitte zu wiederholen, es fällt mir dann leichter, dir das Gewünschte zu bringen, weil ich mir dann sagen kann, es ist eine Bitte und kein Befehl.' Es ist jetzt auch für mich in Ordnung, wenn ich keine Lust hätte, ihm seine Bitte zu erfüllen."

Und verklopft sie so vereint,
Bis es ihm genügend scheint.

3.5.2 Zum Nein sagen ermutigen

Beim Abendessen fragt der 16-jährige Sohn, ich nenne ihn hier Emil, das elfjährige Geschwister, ich nenne sie Emma, ob sie ihm ihre Digitalkamera für die Klassenreise ausleiht, denn bei seiner klemmt der Zoomknopf.

Emma sagt: „Nein, du hattest sie schon am letzten Wochenende und da habe ich sie vermisst."
Emil: „Ja, das war nett, dass ich sie haben konnte, aber sieh doch mal ein, es ist meine Klassenreise und die ist mir sehr wichtig."
Emma: „Wir haben ein Klassenfest und da möchte ich auch Bilder machen."
Emil: „Ja, da kannst du dir doch eine an dem Abend kurz leihen."
Emma: „Kannst du doch auch!"
Emil: „Aber die anderen wollen sie selber für ihre Bilder und geben sie auf der Reise bestimmt nicht ab."

Jetzt wende ich mich den beiden zu und sage zu Emma: „Bist du genervt, weil du möchtest, dass dein Nein von ihm akzeptiert wird? Bist du unsicher und schwankend, weil du eine Verpflichtung spürst, sie abgeben zu müssen?"
Emma: „Ja!"
Mutter: „Bist du es Leid, immer noch ein Argument zu finden, damit er erkennen könnte, dass du auch wichtige Gründe hast und er dann endlich deine Entscheidung gutheißen könnte?"
Zu Emil sage ich: „Bist du ungeduldig, weil du weißt, wie wichtig dir die Fahrt ist, und sie sollte das auch einsehen? Möchtest du wahrgenommen werden mit deinem Anliegen?"
Emil: „Klar, sie könnte mir die Kamera doch geben."
Mutter: „Mir ist wichtig, dass ein Nein akzeptiert wird. Ich mache mir Sorgen, dass sie dir letztlich die Kamera gibt, nicht weil sie es will, sondern weil sie von dir akzeptiert werden möchte. Habt ihr beide ein Bedürfnis nach Spaß und das geht nur mit der einen Kamera? Das ist eine schwierige Situation, ich vertraue, dass ihr eine Lösung findet."

Danach war eine nachdenkliche Stimmung, aber keine Lösung in Sicht.

Später hörte ich, wie er in ihrem Zimmer redete und ich meinte zu hören, er setzte das Gespräch fort mit der Absicht, sie zur Herausgabe der Kamera zu bewegen.

Einige Zeit später kam Emma zu mir. Ich fragte sie, ob sie ihre Meinung geändert hat oder noch die Kamera in ihrem Besitz sei. Sie sagte, sie habe sie behalten, aber sie fühle sich so unglücklich, weil er gesagt hat, sie sei nicht nett. Dabei fing sie an zu weinen.
Mutter: „Bist du traurig, weil du seine Anerkennung möchtest, auch wenn du ihm nicht seinen Wunsch erfüllst?"

Emma: „Klar, der ist nur nett zu mir, wenn ich immer das mache, was er will."

Mutter: „Es ist wirklich nicht leicht, bei einem Nein zu bleiben, wenn der andere nicht zustimmt und du ihn auch gern hast und seine Zuneigung wünschst. Jetzt bist du beim Nein geblieben und hast Kummer, weil du willst, dass er dich nicht doof findet. Hättest du sie ihm gegeben, dann hättest du dich unglücklich gefühlt, weil du etwas getan hättest gegen deinen Willen und somit gegen deine Bedürfnisse."

Etwas ratlos frage ich meinen anwesenden Mann: „Kennst du das auch, egal wie du dich entscheidest, es gibt keine optimale Lösung für dich?" Er antwortet: „Klar, wenn ich Mandate nicht annehme und der Mandant mich überreden will, es doch zu tun, dann bin ich nicht sonderlich glücklich."

Ich frage ihn: „Und du, so als Mensch, fühlst du dich in Ordnung, auch wenn der andere unglücklich ist?" Er sagt: „Klar selbstverständlich, der andere ist unglücklich, weil er eine bestimmte Erwartung an mich hat, die ich ihm nicht erfüllen möchte. Deshalb mag ich mich doch als Mensch."

Ich merke, wie die Tochter aufmerksam zuhört und nachdenklich in ihr Zimmer geht. Als ich ihr am nächsten Morgen erzähle, dass ihr Bruder sich eine Kamera bei einem Freund ausgeliehen hat, sagt sie: „Egal welche Entscheidung ich treffe, manchmal bleibt es schwierig."

Mutter: „Vor allen Dingen, wenn man den Anspruch an sich selber stellt, es allen Menschen recht machen zu müssen und dann noch glaubt, man dürfe es sich erst dann gut gehen lassen, wenn alle anderen Menschen, die man liebt, alle ihre Wünsche erfüllen konnten. Ich habe die Überzeugung, das geht nicht immer."

3.6 Ruhe und Liebe sind wie vollkommene Harmonie

3.6.1 „Kannst du nicht endlich schlafen, du Monster!"

„Endlich Feierabend", sagt Miriam erleichtert, ihr Bedürfnis nach Ruhe kann gestillt werden. Ihre zwei kleinen Kinder, vier und zwei Jahre, liegen endlich im Bett. Da hört sie die tappenden Schritte des kleinen Lukas an der Wohnzimmertür: „Mama, ich muss Pippi!" Miriam setzt Lukas liebevoll aufs Klo und der schaut noch interessiert eine halbe Stunde Bilderbücher an.

Liebevoll hilft sie ihm, die neue Windel wieder zu verschließen und bringt den Sohn erneut ins Bett. Auf dem Sessel bequem angekommen, hört Miriam die gleichen Schritte: „Mama, ich habe Durst ...!" Bei der vierten Unterbrechung hört sie sich schreien: „Jetzt reicht es wirklich, jetzt ist genug!!!"

Bis heute kann Miriam ihren Ärger fühlen. Es ist ein dicker Kloß in ihrem Hals. Die Geschichte, die sie erinnert, ist folgende: „Ich erinnere mich, wie ich als fünfjähriges Kind nach einer Schlittenfahrt nach Hause komme. Es war so viel Spaß, ich hatte gute Laune. Die Stimme meiner Mutter empfängt mich: ‚Pass auf, zieh dich aus, stelle dich auf den Läufer, mach bloß nichts nass. Hänge deine Sachen auf, stell deine Schuhe hin ...'"

Die Empathie für die geschilderte Erinnerung hört sich folgendermaßen an zwischen der erwachsenen Miriam (E.) und dem Kind (K.):

E.: „Hast du so gute Laune, weil das Schlittenfahren solch einen Spaß gemacht hat? Bist du jetzt genervt, weil das Aufräumen so lästig ist und du erst einmal ankommen möchtest? Möchtest du, dass deine Mami sich mit dir freut?"

Kind: „Ja, es fehlt so eine Bemerkung von ihr wie: ‚Na, hast du Spaß gehabt?' ... dann wäre das mit dem Aufräumen viel leichter."

E.: „Kommt es dir so vor, als ob deine Mutter nur am Funktionieren ihres Haushalts interessiert ist?"

K.: „Ich bin sozusagen ein Teil ihres Inventars."

E.: „Möchtest du wahrgenommen werden als Mensch?"

K.: „Ja!"

E.: „Schön wäre, wenn deine Mutter deinen Spaß erleben könnte. Ich möchte für sie sagen: ‚Ich freue mich an dir und daran, dass du so gern Schlitten fährst. Und ich helfe dir gern beim Ausziehen.'"

K.: „Jetzt geht es mir schon viel besser."

E.: „Möchtest du einen heißen Kakao bekommen?"

K.: „Oh ja gern, danke!"

Miriam kann Freude fühlen, ihr Bedürfnis nach Wahrgenommen-Werden und Freude an ihrem Leben ist erfüllt. Die Freude durchströmt ihren Körper, bewusst atmet sie die Freude mehrfach ein und aus.

Auf die Frage, wie es ihr jetzt geht, wenn sie an Lukas denkt, sagt sie: „Ich kann so in mich hinein schmunzeln. Er hat abends mit mir zusammen Freude am Spiel. Es wird mir bewusst, er braucht ein orientierendes Ritual, bei dem ihm klar ist, wann meine Zeit der Ruhe beginnt und das Spielen vorbei ist. Er hat ein Bedürfnis nach Spielen und ich eines nach Ruhe. Ich werde mit ihm sprechen, dass nach dem Kuscheln die Zeit mit Mama vorbei ist. Ich werde ihm sagen, dass ich alle Bücher am Klo wegräume, weil die auch schlafen gehen und ich werde nur noch flüstern, damit er erkennt, wann die Nachtruhe beginnt."

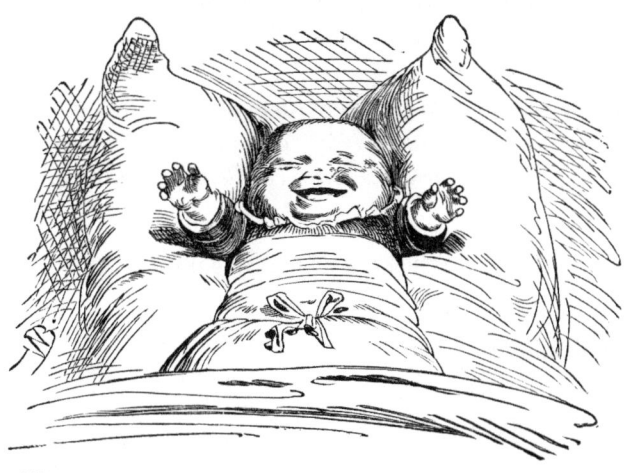

Und Willi, der vom Schmerz befreit,
Lacht laut vor lauter Heiterkeit.

3.6.2 Schlaf Kindlein, schlaf!

Viele Tipps gibt es, wenn ein Kind nicht schlafen kann. Ich möchte einen kleinen Tipp hinzufügen. Er kommt aus dem Bereich der energetischen Medizin und wurde mir von Maya de Vries mitgeteilt, die EFT (Emotionale Freiheitstechnik) auf einfühlsame Weise unterrichtet[6]:

Maya sagt: „Seit Monaten beklopfe ich die Akupunkturpunkte am Körper meiner heute fünfjährigen Tochter und spreche dazu folgende Sätze. Ich wechsle den Satz an jedem neuen Punkt.

---

6 www.emofree.de

(1. Punkt liegt am Anfang der Augenbrauen) Ich will noch gerne aufbleiben.
(2. Punkt liegt außen neben dem Auge) Und alles wird ruhig in mir.
(3. Punkt liegt unter dem Auge) Ich will noch aufbleiben, weil die anderen das dürfen.
(4. Punkt liegt unter der Nase) Und alles wird ruhig in mir.
(5. Punkt liegt unter den Lippen) Gerade war das Spielen so schön, und jetzt muss ich aufhören.
(6. Punkt liegt unter dem Schlüsselbein) Und alles wird ruhig in mir.
(7. Punkt liegt unter der Achsel) Es ist ungerecht, dass ich jetzt schlafen gehen muss.
(8. Punkt liegt unter der Brustwarze) Und alles wird ruhig in mir.
(9. Punkt liegt außen am Daumennagel) Ich kann noch gar nicht einschlafen.
(10. Punkt liegt am Zeigefingernagel an der Daumenseite) Und alles wird ruhig in mir.
(11. Punkt liegt am Mittelfingernagel an der Zeigefingerseite) Schlafen ist langweilig.
(12. Punkt liegt am Kleinfingernagel an der Ringfingerseite) Und alles wird ruhig in mir.
(13. Punkt liegt an der Handkante) Ich möchte noch so gern springen.
(14. Punkt liegt auf dem Handrücken zwischen Klein- und Ringfinger) Und alles wird ruhig in mir.

Man kann auch noch das Geschehene des Tages einbauen, gerade wenn viel Aufregendes passiert ist:

„*Ich bin vom Rad gefallen.*
Und alles wird ruhig in mir.
Da musste ich sehr weinen.
Und alles wird ruhig in mir.
Ich bin so erschrocken.
Und alles wird ruhig in mir.
Da kam eine Dame, die mich getröstet hat.
Und alles wird ruhig in mir.
Aber ich wollte, dass Mama da ist.
Und alles wird ruhig in mir.
usw."

Es ist ein kleines Ritual, das meine fünfjährige Tochter liebt. Sie dreht den Kopf zu mir und schläft bei dieser Klopfmusik in wenigen Minuten entspannt ein."

3.7 Empathie bei unerfüllten Bedürfnissen

3.7.1 Der Service am Morgen, bitte sofort!

> Jana kommt später als gewohnt in die Küche. Mit schrillem Ton ruft sie ihrer Mutter zu: „Los, mach mir noch schnell ein Vesper."
> Susanne, die Mutter, fühlt Wut in sich aufsteigen und antwortet: „So redest du nicht mit mir. Du kannst früher aufstehen, dann kannst du es selber schaffen."
> Jana verdreht die Augen und rennt schimpfend und Tür knallend zur Haustür hinaus.

Susanne fühlt den Konflikt, es zerreißt sie innerlich. Einerseits will sie, dass ihre fünfzehnjährige Tochter ihr Brot selbst richtet und dafür rechtzeitig aufsteht. Gleichzeitig kann sie es nicht aushalten, wenn die Tochter ohne Frühstück das Haus verlässt. Sie hat den Eindruck, sie habe als Mutter versagt.

> Susanne verbindet sich mit ihrem Stress, den sie in ihrem Bauch fühlt. Ein diffuses Gefühl taucht auf mit der Erinnerung, dass ihre Mutter morgens im Bett lag, wenn sie sich als Fünfjährige allein um ihr Frühstück kümmerte.

Die erwachsene Susanne (E.) besucht das kleine Kind (K.) in der Küche:
E.: „Bist du traurig und fühlst du dich allein? Wünschst du dir, dass deine Mama hier wäre und mit dir frühstückt? Möchtest du eine Mama haben, die sich um dich kümmert, so wie du es von anderen Kindern kennst?"

Susanne fängt an zu weinen, sie kann sich jetzt gut an den Schmerz erinnern, der entstand, wenn sie am Morgen allein in der Küche war.
K.: „Ja, ich bin sehr traurig, ich sehne mich nach meiner Mama, aber ich darf sie nicht stören. Sie ist müde und will ausschlafen."
E.: „Ich möchte dir von jetzt ab die Gewissheit geben, dass ich für dich sorge. Wie fühlt sich das für dich an?"

Susannes Brust entspannt sich, sie kann tiefer durchatmen und sie lächelt in sich hinein.
K.: „Das hört sich gut an, lieber hätte ich die Mama hier."
E.: „Deine Sehnsucht ist für mich so verständlich, die Mama ist von niemanden zu ersetzen. Wenn ich dir anbiete, für dich da zu sein, dann ist das sicher nur eine zweitbeste Lösung für dich. Die erstbeste Lösung, nämlich deine Mama bei dir zu haben, kannst du leider von mir nicht bekommen."
K.: „Schade, aber bevor ich weiter allein hier bin, freue ich mich, wenn du da bist."
E.: „Bist du traurig, weil Mama dein Bedürfnis nach Nähe und Liebe am besten erfüllen könnte und durch niemand zu ersetzen ist."
K.: „Ja."
E.: „Ich möchte dich begleiten, auch wenn du traurig bist!"
K.: „Nimmst du mich in den Arm?"

Nachdem Susanne aus ihrer Erinnerung wieder auftaucht, stellt sie sich ihre eigene Tochter Jana vor, die morgens die Mutter bittet, das Schulbrot zu belegen. Mit Entspannung in der Brust kann sie jetzt zu ihrer Tochter sagen: „Gern schmiere ich dir noch ein Brot, aber bitte rede in einem anderen Ton zu mir, einen den ich gern hören kann, weißt du was ich meine?" Während sie es jetzt sagt, fühlt sie weiterhin die Leichtigkeit in ihrem Herzen und hat auf einer tieferen Ebene wahrgenommen, dass die Fünfjährige tatsächlich die Mutter braucht, einer fünfzehnjährigen Tochter aber sehr wohl zuzumuten ist, dass sie einen Vormittag ohne Schulbrot überleben kann.

Susanne fiel es schwer, ihre Tochter ohne Frühstück in der Schule zu sehen. In ihrem Erleben war es so schmerzhaft, als ob ein fünfjähriges Kind allein in der Küche frühstückt. Logisch ist dieser Vergleich nicht nachzuvollziehen. Für das limbische Erleben ist dieser Vergleich aber Realität.

Unsere Kinder sind nicht auf die Welt gekommen, um den Schmerz zu heilen, den wir in uns tragen. Dafür können wir selber sorgen. Gleichzeitig können wir die Kinder nicht davor bewahren, selbst Aufgaben im Leben vorzufinden, die sie nicht lösen können. Kinder brauchen Eltern, die die Fähigkeit entwickelt haben, das heranwachsende Kind zu begleiten, wenn es schmerzhafte Lösungswege geht. Das ist wichtiger, als ständig bemüht zu sein, ihnen jede auch noch so schmerzliche Erfahrung aus dem Weg zu räumen.

Und durch die Brille, scharf und klar,
Entdeckt er gleich ein langes Haar.

3.7.2 Kannst du schnell mal helfen?

Die Mutter (M.) kocht, der Vater (V.) räumt die Küche auf, die zwölfjährige Tochter (K.) und die Freundin eilen geschäftig durch die Wohnung:
Mutter fragt die Tochter: „Kannst du noch schnell Sahne aus dem Bioladen holen?"
K.: „Nein."
M.: „Schade, wir brauchen sie für die Kürbissuppe."
K.: „Nein, man kann Nein sagen und es ist freiwillig, ob ich sie hole."
M.: „Ja, das sehe ich auch so."
V.: „Das finde ich nicht richtig, die Kinder können doch auch mal sehen, dass sie was tun können, sonst gibt es eben nichts zu essen."
K.: „OK, ich wollte eh nichts essen!"
M.: „Das ist für mich nicht OK. Wir können die Kürbissuppe auch ohne Sahne essen. Sie schmeckt mir eben mit Sahne besser. Es ist schade, wenn die Sahne fehlt."
K.: „... und ich will sie jetzt nicht holen."

Die beiden Freundinnen stehen neugierig in der Küche, wahrscheinlich um zu hören, wie es jetzt weitergeht. Ich vermute, dass meine Tochter jetzt nicht Ja sagen kann, weil es ihr auch wichtig ist, dass sie vor ihrer Freundin stark ist. Ein Nein wäre wie eine Niederlage. Wir sind in einem „Wer-gewinnt-jetzt-Spiel". Beide gehen.

Mutter zum Vater: „Gewaltlosigkeit fängt hier an. Wir dürfen sie nicht zwingen und auch nicht manipulieren, etwas zu tun, was sie selbst nicht wollen."
V.: „Ja, aber die Kinder ziehen sich immer zurück, wenn es um Mithilfe im Haushalt geht."
M.: „Ich weiß, dass sie gestern gern Milch holen gegangen ist, als ich sie gefragt habe ... sogar im Dunkeln."
V.: „So etwas habe ich noch nie erlebt, das war bestimmt das einzige Mal, dass sie mal mitgeholfen hat."
M.: „Ich habe noch mehr Erinnerungen, wo die Kinder geholfen haben. Ich wünsche mir auch, dass die Kinder immer helfen, wenn ich es brauche, aber sie dürfen auch Nein sagen."

Die Kinder kommen wieder in die Küche. Ich erinnere mich an Rosenberg, der sagt: „Bitte nur, wenn du dir vorher klar gemacht hast, was dein Bedürfnis ist, sonst hört der andere einen Befehl." Also sage ich: „Mir schmeckt die Suppe mit Sahne so gut, wir haben aber keine, gleichzeitig brauche ich noch die Zeit zum Kochen und der Papa räumt die Küche auf. Es wäre für mich eine Unterstützung, wenn du deine Entscheidung nochmals anschauen kannst. Könntest du dir vorstellen, dass du zu den Nachbarn gehst? Das ist nicht so weit und du holst da die Sahne?"
K.: „Ja Mama, das mache ich gern!"
V.: „Na, da hast du ja mal wieder Glück gehabt mit deiner Freiwilligkeitsidee."
M.: „Kinder sind keine Maschinen, zum Glück. Das macht sie so lebendig, aber eben nicht für uns planbar."

3.8 Lernen und sich weiterentwickeln ohne Angst

3.8.1 Die liebe Hausarbeit!

Beate wird nicht wütend. Sie redet nicht davon, dass sie sich ärgert. Sie beobachtet einen inneren Rückzug. Eigentlich möchte sie ihren zwölfjährigen Sohn bitten, dass er sein Zimmer aufräumt und in der Küche mithilft. Sie weiß nicht, wie sie den Haushalt schaffen kann. Sie ist müde und fragt Jannis nicht. Zu gut kennt sie die Auseinandersetzungen, die sie miteinander haben, wenn es um die Mitarbeit im Haushalt geht. Lieber „selber tun und schweigen", als ihn um Mithilfe zu bitten und dann im Anschluss zu erleben, dass sie sich anschreien. Letztlich schreien sie, auch wenn sie die korrekten Worte der GFK anwendet und sie ihm zugesteht, jeder dürfe freiwillig mithelfen. „Wieso ihn dann überhaupt fragen?", da er ja nie mithelfen möchte. Sie leidet still vor sich hin und empfindet das Leben als unfair. Ihn als rücksichtslos zu verurteilen, verbietet sie sich, weil sie ja nicht mehr urteilen möchte.

Beate: „Ich fühle eine Blockade in meinem Hals, wenn ich mir vorstelle, ich würde ihn um Mithilfe bitten. Es geht nicht, ich kann ihn nicht mehr fragen."

In Verbindung mit dieser „Blockade" im Hals konzentriert sie sich auf ihre Kindheit. Eine Erinnerung taucht auf, die sie als schönes Erlebnis einordnet:

Beate: „Ich bin noch ein kleines Kind, vielleicht drei oder vier Jahre alt. Wenn ich bei meiner Oma war, durfte ich allein in den Kindergarten gehen. Auf dem Heimweg ging ich mit meinem Kindergartenfreund noch bei meiner Großtante vorbei und wir bekamen ein Stück Schokolade. Danach sind wir noch ein Stück auf der Mauer balanciert."

Ich (H.) frage sie: „Kannst du noch heute die Lebensfreude in dir fühlen, die du erlebst, wenn du als Kind so sein darfst wie du bist? Die Oma und die Großtante mögen dich und du weißt, du bist in Ordnung als Person und mit deinem Tun. Das Leben ist für dich Freude und reines Genießen. Das Leben ist frei von Forderungen und Streitigkeiten, nur im Jetzt lebst du. Und du entdeckst, was das Leben dir zeigt."

Beate: „Ja, das Leben ist in diesem Augenblick so unbeschwert."

H.: „Geht deine Sehnsucht hinein in diesen Augenblick, wo du das Leben genießen kannst? Wünschst du dir mehr von diesen Augenblicken auch heute in deiner Situation als Mutter? Fühlst du Trauer darüber, dass diese Sehnsucht sich in deiner jetzigen Situation so nicht für dich erfüllt?"

Beate nickt.

H.: „Wo in deinem Körper kannst du diese Trauer fühlen?"

Beate: „Sie ist in meinem Bauch. Jetzt erinnere ich mich daran, wie ich Hausaufgaben mache. Ich wollte sie immer sehr gut machen. Ich hatte Angst, nicht genügend vorbereitet zu sein. Gerade beim Auswendiglernen von Gedichten befürchtete ich, dass ich stottern könnte."

Hier braucht das Grundschulkind Beate (K.) Einfühlung, die ihr von mir (E.) als erwachsene Beate gegeben wird:

E.: „Bist du ganz angestrengt, weil du das Gedicht perfekt lernen möchtest, um morgen fehlerfrei sprechen zu können?"

K.: „Ja, ich weiß nicht, ob ich schon gut genug bin. Ich will nicht stottern."

E.: „Umso mehr du dich bemühst, nicht zu stottern, umso mehr beschäftigst du dich mit dem, was dir unangenehm wird. Dein Gehirn kann sich gar nicht auf das konzentrieren, was es nicht soll. Denke mal nicht an einen Schneemann in der Wüste."

K.: „Das geht nicht, ich sehe ihn."

E.: „Möglicherweise ist jetzt dein Gehirn auch überfordert, wenn du es zwingst, nicht an das Stottern zu denken. Vielleicht könntest du dein Gehirn mehr damit beschäftigen, daran zu denken, was du wirklich gut kannst."

B.: „Na, ich kann gut der Mama helfen."

E.: „Hast du den Anspruch, dass du alles so gut in deinem Leben machen kannst, so wie du der Mama helfen kannst?"

B.: „Ja, ich will alles so perfekt machen."

E.: „Kennst du außer Jesus jemanden, der alles perfekt macht?"

B.: „Ich weiß nicht."

E.: „Ich habe die Überzeugung, dass Menschen Begabungen haben und jeder kann etwas sehr gut, aber selten kann einer alles perfekt tun. Du bist begabt, deiner Mutter zu helfen. Gedichte aufsagen kannst du auch, aber eben mit ein wenig Stottern. Es ist doch wie mit den Blumen, manche sind rot, andere haben Dornen und wieder andere riechen. Da gibt es keine Blume, die alles hat, was eine Blume haben kann. Jede Blume ist einzigartig und jeder Mensch auch und so ist es gewollt, oder? Wie geht es dir unter dieser Vorstellung?"

B.: „Ich habe weniger Selbstzweifel. Ich bin nie mit mir zufrieden. Jetzt könnte ich es sein, wenn ich es so betrachte."

E.: „Angenommen, du könntest dir diese Sicht auch weiter erlauben, was wäre dann?"

B.: „Dann wäre mir leichter ums Herz und ich müsste mich nicht so anstrengen."

Beate kommt in die Gegenwart zurück und ist noch in Verbindung mit der Leichtigkeit in ihrem Herzen.

E.: „Kannst du dich auf diese Leichtigkeit in deinem Herzen konzentrieren? Wenn du dir jetzt vorstellst, deinen Sohn zu bitten, er möge dir helfen und er sagt Nein und es käme zum Streit, wie geht es dir jetzt bei dieser Vorstellung?"

B.: „Ich hätte jetzt mehr Mut, ihn zu fragen. Ich brauche doch nicht mehr die perfekte Mutter zu sein, die jeden Streit verhindern muss!"

E.: „Es wäre erstaunlich, wenn es jemand gäbe, der bei diesem Anspruch nicht einen gewissen Druck fühlt. Du hast das für dich bisher gelöst, indem du dich mit deinen Wünschen zurückgezogen hast."

B.: „Ich möchte mich trauen, auch wenn ich bisher die Konflikte scheue."

Julchen gibt indessen acht,
Was der gute Vater macht.

Keine Messer schneiden besser,
Wie des Bartes Putzemesser.

Hier ein Schnitt und da ein Schnitt,
Ritscheratsche, weg damit. —

3.8.2 Trotz Risiko sich trauen

Maria, elf Jahre alt, holt Eier aus dem Hühnerstall und sagt zu ihrer Mutter: „Schau, ich kann das Ei ins Gras fallen lassen aus meiner Hand und es geht nicht kaputt."

M.: „Das kann ich nicht glauben, ich bin sicher, es wird zerbrechen, bitte sei vorsichtig."

Sie lacht und sagt: „Soll ich es dir zeigen?"

M.: „Schade ums Ei, aber O.K.!"

Sie lässt das Ei aus etwa einem Meter Höhe fallen und zu meinem Erstaunen bleibt das Ei ganz.

M.: „Das ist ja erstaunlich."

K.: „Ich habe das mit meiner Freundin mehrfach ausprobiert. Wir sind extra hinter das Haus gegangen, weil wir nicht wollten, dass es jemand sieht."

M.: „Hattet ihr Angst, dass ich schimpfen würde, wenn ich mitbekäme, das Ei geht kaputt, wenn ihr es auf den Boden fallen lasst?"

K.: „Ja, wir waren nicht sicher, aber wir hatten ein Ei auf der Wiese gefunden und uns gefragt, wie es da hinkam. Hühner legen Eier ins Nest und lassen es nicht auf die Wiese plumpsen. Wir dachten, das Ei ist der Krähe aus dem Schnabel gefallen, als sie eines stibitzte. Wir konnten uns aber nicht vorstellen, dass es dabei ganz bleibt. Wenn es auf den Beton fällt, dann geht es kaputt, das wusste ich, denn mir ist auf dem Weg mal eines runtergefallen und das ist zerbrochen."

M.: „Also wolltet ihr experimentieren und gleichzeitig darauf achten, dass es keinen Ärger gibt, wenn das Experiment schiefläuft."

K.: „Ja, irgendwie schon."

M.: „Ich frage mich, wie Kinder lernen können, wenn sie Angst haben zu experimentieren. Ein Experiment ist ja deshalb da, dass man Erfahrungen sammelt. Wenn man schon vorher weiß, wie es ausgeht, braucht man ja nicht zu experimentieren."

K.: „Ja, wir waren neugierig und gleichzeitig weiß ich, dass du willst, dass wir mit den Eiern vorsichtig umgehen."

M.: „Also du bist in einer Zwickmühle, willst es mir recht machen und mir zeigen, dass du sorgfältig umgehst mit den Eiern und gleichzeitig möchtest du eine Antwort bekommen auf deine Frage. Das hast du so gelöst, indem du mir verheimlichst, was du gerade ausprobierst."

K.: „Genau."

M.: „Ich möchte, dass du weiterhin Mut zum Experimentieren hast und gleichzeitig dich nicht mehr vor mir verstecken musst. Was könnte dir dabei helfen?"

K.: „Ich müsste damit leben können, dass du im ersten Eindruck deine Augen verdrehst, wenn es schiefgeht."

M.: „Klar, und ich werde versuchen, in solchen Momenten mich an unser Gespräch zu erinnern, und ich lass das sein mit den Augen verdrehen. Leider kommt das manchmal schneller, als ich mir das bewusst mache."

K.: „O.K., dann werde ich mich auch an dieses Gespräch erinnern und wissen, dass Experimentieren für dich in Ordnung ist."

3.9 Sehnsucht nach Harmonie

3.9.1 „Sie schreit nicht, sie quietscht!"

> Anke hat drei Kinder, das jüngste ist vier Jahre alt. Elli schreit nicht. Wenn sie ihre Vorstellungen ausdrücken will, quietscht sie und zwar in den höchsten Tönen. Anke kann den zwei anderen Kindern, zwei und sechs Jahre, gut zuhören, wenn sie laut schreiend ausdrücken, wie die Welt zu sein hat. Aber wenn Elli quietscht, ist es so, als würde etwas in Ankes Hirn einschlagen. Sie kann es kaum aushalten. Das Quietschen ist nicht abzuschalten. Anke hat es mit Einfühlung, Schreien und Rückzug versucht. Wie das Schreien von Oskar in dem Roman „Die Blechtrommel" von Günter Grass, so durchdringt Ellis Quietschen einfach alles.

Anke spürt dem Schmerz in ihrem Körper nach, während sie sich das schreiende Quietschen vergegenwärtigt.

> Sie erinnert sich daran, wie sie als sechsjähriges Kind der zwei Jahre jüngeren Schwester den Kassettenrekorder abstellt. Obwohl sie häufig mit ihr Streit hatte, war das Ausschalten als liebevolle Zuwendung gemeint, denn Lilly war eingeschlafen. Die Schwester hatte schmerzhafte Halsschmerzen und lag endlich entspannt da. Als der Kassettenrekorder schweigt, brüllt die Schwester plötzlich in den höchsten Tönen. Es klingt in Ankes Ohren wie das laute Quietschen von Elli. Die Mutter eilt herbei und Anke bekommt, wie so oft, den Ärger der Mutter zu hören. Sie solle doch aufhören, die Schwester zu ärgern. Nie könne sie ihre Eifersucht bändigen, nicht einmal, wenn Lilly krank ist. Anke ist verletzt. Dieses Mal war es doch Mitgefühl für die Schwester. Die Mutter kann dies nicht hören, zu sehr hat sie sich in ihren Zorn geredet. Anke fühlt sich hilflos und ärgert sich über die jüngere Schwester, die wieder im Schutz von Mama steht.

In der nun folgenden inneren Vorstellung trifft die erwachsene Anke (E.) sowohl die damalige Mutter (M.), sich selbst als jüngeres Kind (K.) und die jüngere Schwester (S.). Anke stellt sich vor, dass sich alle Personen an einem neutralem Ort des Friedens begegnen, da wo sie wohlgesonnen sind. Solche Augenblicke gab es auch in ihrem gemeinsamen Leben.

Sie treffen sich folglich an einem schönen Ort im Wald. Der kleinen Anke wird gesagt, dass sie jetzt die Möglichkeit hat, all ihren Ärger mitzuteilen, zunächst gegenüber der Mutter und dann gegenüber Lilly.

K.: „Ich bin verzweifelt, so oft habe ich versucht, dir mitzuteilen, wie es mir geht. In deiner Wut hast du mir keinen Raum gegeben. Ich will, dass du hörst, dass ich es gut gemeint habe mit meiner Schwester, als ich den Rekorder abgestellt habe. Sicher habe ich meine Schwester auch geärgert, aber genauso häufig war ich ihr gut gesinnt."

Die Mutter wird gebeten, aus ihrer Weisheit zu antworten, nicht aus dem Zorn, den sie in der speziellen Situation verspürt hat:
M.: „Wenn ich dich so höre, bedauere ich, wie verletzend es für dich war, wenn du erfolglos gehört werden wolltest. Ich hatte tatsächlich in dem Moment die

Überzeugung, dass du deine Schwester ärgerst: Ich war in Angst um sie, weil sie so häufig krank war. Ich weiß jetzt, du brauchtest mich auch. Du wolltest, dass ich dich auch höre. Ist das alles, was du mir sagen möchtest?"

K.: „Ja, das tut jetzt gut, denn ich merke, wie schwer ich es bei dir habe, deine Aufmerksamkeit zu gewinnen. Immer bist du in Sorge für meine Schwester. Ich will auch deine Aufmerksamkeit. Besonders in dem Moment, wenn ich merkte, du hast mich schon verurteilt, ohne dass du mich gehört hast."

Jetzt wird die kleine Anke gebeten, mit ihrer jüngeren Schwester zu reden:

K.: „Ich habe dich lieb und bin gern deine Schwester, aber ich bin neidisch, weil du so oft krank bist und Mama dann ihre Aufmerksamkeit nur bei dir hat. Ich fange dann tatsächlich oft Streit mit dir an, weil ich mich über dich ärgere."

S.: „Wenn ich das höre, bin ich traurig, denn ich habe dich auch lieb. Ich genieße die Zuwendung von Mama. Ich tue alles dafür, weil ich mir nicht vorstellen kann, dass Mama noch für mich da ist, wenn sie dich sieht. Ich bedaure das, denn ich kann mir jetzt vorstellen, dass für uns beide auch genug da ist."

Jetzt wird die erwachsene Anke gefragt, ob sie etwas zu der Situation sagen möchte:

E.: „Mama, ich kann erkennen, wie anstrengend es ist, mehreren Kindern gerecht zu werden mit ihren unterschiedlichen Bedürfnissen. Das ist nicht einfach, besonders, weil Vater nicht mehr bei uns wohnt und du alles allein entscheidest. Ich freue mich, dass du jetzt sehen kannst, dass beide Kinder dich brauchen und du dich ihnen zuwendest."

Zu der kleinen Anke sagt die Erwachsene: „Ich habe dich sehr lieb und merke, dass dir damals viele Erfahrungen gefehlt haben, die ich heute habe. Ich stelle sie dir gern zur Verfügung und verspreche dir, dass ich dich nie mehr allein lasse."

Zu der kleinen Schwester sagt die Erwachsene: „Ich freue mich, dass wir Schwestern sind und trotz der Schwierigkeiten in unserer Kindheit Freundinnen geblieben sind. Ich danke dir für unsere Freundschaft."

Nachdem Anke sich wieder in der Gegenwart orientiert, ist sie berührt und erleichtert. Sie stellt sich ihre kleine vierjährige Tochter mit dem Quietschen vor. Jetzt kann sie es als ihre besondere Art verstehen, sich Gehör zu verschaffen. Es ist nicht mehr ihre Schwester. Das limbische System erkannte dieses Quietschen, als sei es das Geschrei der damaligen Schwester. So war jedes Schreien der eigenen Tochter wie das Eintreten in einen vergangenen Film, in dem zwei Mädchen um die Aufmerksamkeit der Mutter ringen. Als erwachsene Anke hatte sie die Fähigkeiten eines sechsjährigen Mädchens, das befürchtet, es wird neben der Schwester nicht gehört. Jetzt kann sich Anke erklären, dass das Quietschen diesen unerklärlichen Stress in ihr auslöst. Anke ist neugierig auf das nächste Schreien ihrer Tochter. Dieses kann sie jetzt daran erinnern, dass sie sich heute ihre Bedürfnisse nach Nähe und Verständnis erfüllen kann, einfach deswegen, weil sie Lebenserfahrung hat.

Zu einem späteren Zeitpunkt berichtet Anke, noch immer verwundert, dass sie ihrer Tochter jetzt gelassen zuhören kann, obwohl sie so laut quietscht wie zuvor.

Jetzt wird's aber desperat. —
Ach, der köstliche Salat
Dient den aufgeregten Geistern,
Sich damit zu überkleistern.

3.9.2 Der Geschwisterstreit

Bernd (B.) ist neun Jahre und Nils (N.) sechs Jahre alt. Täglich kommt es zu Streitigkeiten. Der Vater (V.) vermittelt im Streit:
B.: „Er ist es, der mich ärgert!"
N.: „Er hat mir die Zunge rausgestreckt! ... Das macht er dauernd!"
Beide Jungen schreien, so dass nicht mehr zu verstehen ist, was der Einzelne sagt.
V.: „Ja, da seid ihr beide im Ärger und rumsdibums, da geht es hin und her."
B. und N.: „Ja!"
V.: „Ich möchte jetzt, dass wir uns das noch einmal anschauen. Wollt ihr das? Wenn so ein Durcheinander ist ... ich kann immer nur einem zuhören. Können wir uns einigen, dass ich mit nur einem spreche, abwechselnd? Ihr könnt alles sagen. Ihr kommt beide dran, wir hören erst auf, wenn jeder sein Anliegen gesagt hat. Das verspreche ich euch.

B. und N.: „O.K."
V.: „Und wer darf jetzt anfangen? ... Ist es O.K., wenn Bernd anfangen darf?"
N.: „O.K."
V.: „Und ich verspreche, Nils, du darfst alles sagen, wenn Bernd fertig ist. Aber jetzt ist Bernd dran."
B.: „Der hat einfach meine Zeitung weggenommen."
Während Bernd dies sagt, zeigt er auf Nils, der sofort ärgerlich den Finger wegschlägt.
V.: „Vielleicht ist es gut, du erzählst es nur mir, nur mir, O.K.? Denn hast du gemerkt, schon geht da was los und es wird gleich schwierig."
B.: „Aber das macht er immer und dann wird wieder mit mir geschimpft. Und er ärgert nur."
V.: „Ja, ich merke, du bist wirklich wütend."
B.: „Ja!"
V.: „Du hast dich tierisch geärgert! Und kannst du mir sagen, was genau dich wütend macht?"
B.: „Er hat mir die Zeitung weggenommen. Es ist meine Zeitung."
V.: „Ah, es ist deine Zeitung und der Nils hat sie genommen. Du hättest es gern, dass er dich fragt?"
B.: „Ja, genau!"
V.: „Ja, danke! Jetzt Nils kannst du mir sagen, was du gerade gehört hast, worüber Bernd sich geärgert hat?"
N.: „Ich habe ihm die Zeitung genommen. Ich wollte da was angucken."
V.: „Ja, kannst du verstehen, dass es ihn geärgert hat? Es ist seine Zeitung."
N.: „Ja."
V.: „Kannst du verstehen, dass er seine Zeitung behalten will oder aber, dass er gefragt werden will, bevor du sie nimmst."
N.: „Hmm, dann sagt er aber Nein, wenn ich ihn frag."
V.: „Das heißt, wenn du die Zeitung wirklich angucken kannst, dann ist es besser, nicht zu fragen."
N.: „Ja, ich will sie ja auch mal angucken."
V.: „Du hast dich für die Zeitung interessiert und du wusstest vorher schon, wenn ich frag, dann bekomme ich sie nicht."
N.: „Und dann kommt er immer und dann schlägt er mich."
V.: „Ja, das kennen wir dann. Aber du würdest gern die Zeitung angucken und du weißt dir gar nicht zu helfen, wie kannst du es machen. Du willst sie aber unbedingt haben und dann ist es besser, nicht zu fragen. Dann habt ihr richtig Feuer in der Bude. Kannst du, Bernd, mir sagen, was ihn bewegt hat?"
B.: „Er will meine Zeitung."
V.: „Also ich wiederhole noch einmal. Du, Bernd, es ist deine Zeitung und du willst gefragt werden, ob du sie hergibst. Und von Nils habe ich verstanden, du

willst die Zeitung angucken und du willst sie wirklich, deshalb fragst du erst nicht, weil du ziemlich sicher bist, du bekommst sie niemals."

N.: „Ja."

V.: „Wenn du wüsstest, beim Fragen bekommst du ein Ja, würdest du dann eher fragen?"

N.: „Ja."

V.: „Bernd, hast du gehört, wann würde der Nils eher fragen?"

B.: „Wenn er ein Ja kriegt."

V.: „Und kannst du dir vorstellen, wenn er fragt, ihm auch einmal ein Ja zu geben?"

B.: „Ja..a..aa, wenn er mich auch mal in seinen Hängesessel lässt, er sagt auch immer Nein."

V.: „So, du meinst, wenn ich was gebe, dann will ich auch was haben. Und wenn ich was bekomme, dann kann ich auch was geben."

B.: „Er will immer meine Sachen und ich krieg seine nicht."

V.: „Das ist ungerecht."

N.: „Es ist ja meiner."

V.: „Ja, und wenn es deiner ist, willst du dann auch gefragt werden? Oder willst du, dass er gar nicht berührt wird."

N.: „Er darf sich schon mal reinsetzen."

V.: „Das finde ich super. Und das ist das Spannende, wenn er weiß, er darf auch mal, dann fällt es ihm leichter, auch die Zeitung zu geben. Ist das nicht spannend, wie das so ist miteinander: Alle können ihrs festhalten, dann hat jeder Angst vor dem anderen. Oder, wenn man weiß, naja dann bekommst du was von mir, weil ich auch was von dir bekomme."

Bernd und Nils nicken nachdenklich.

V.: „Habt ihr das noch nie so angeschaut, oder? ... Sollen wir das mit der Zeitung einmal so machen: Du, Bernd, kannst leichter einmal Ja sagen, wenn du weißt, du darfst auch mal in seinen Hängesessel hinein. Wer fängt denn an mit seinem Ja sagen."

N.: „Ich!"

V.: „Gut, dann kannst du, Bernd, dir mal ausdenken, was du den Nils jetzt fragen willst."

B.: „Lässt du mich mal in deinen Sessel?"

N.: „Heute Mittag?"

B.: „Mmmmh ... Dann kannst du derweil ja auch meine Zeitung ausleihen!"

3.10 Empathie für traurige Kinder

3.10.1 Mein Kind soll glücklich sein!

Pias Tochter geht in die dritte Klasse. Lea kommt traurig von der Schule, weil ihre beste Freundin nicht mehr mit ihr spielen will. Diese hat sich jetzt eine andere Freundin gesucht, mit der sie in den Pausen auf dem Schulhof unterwegs ist. Pia ist ganz verzweifelt, wenn sie ihre Tochter so mutlos und traurig sieht. Sie überlegt, ob sie die Mutter von Leas Freundin anrufen soll, damit diese ihrer Tochter sagt, wie wichtig Pia diese Freundschaft ist und wie sehr Lea leidet. Lea sagt, sie habe Angst, wenn die Mutter dort anruft. Dann würde ihre Freundin sie vielleicht noch mehr hassen. Pia wird wütend, sie möchte, dass ihre Tochter glücklich sein kann. Neben der Wut fühlt sie sich ohnmächtig, denn sie hat keine Idee, wie sie ihre Tochter aufmuntern kann. Pia kann den Schmerz ihrer Tochter nicht ertragen.

Am Abend versucht Pia den Schmerz in ihrem Körper zu lokalisieren, den sie fühlt, wenn sie an den Kummer ihrer Tochter denkt. Sie erinnert sich an ihre eigene Kindheit. Folgende Geschichte fällt ihr ein:

Als Pia Kind war, wurde ihre Mutter wegen Depressionen behandelt. Die Mutter blieb an manchen Tagen im Bett, hatte keine Kraft und sorgte weder für sich noch für ihre zwei Töchter. An diesen Tagen kümmerte sich der Vater um den Haushalt und die Kinder. Als Pia zwölf Jahre alt war, schrie der Vater entnervt seine Frau an: „Wenn du schon nichts machen kannst, dann kannst du wenigstens den Einkaufszettel schreiben." Die Mutter weinte still vor sich hin und der Vater schrie weiter.

Mit der inneren Vorstellungskraft ist Pia jetzt das kleine Mädchen, stellt sich aber vor, dass die erwachsene Pia (E.) in dieser Situation auftaucht und zu ihr als Kind spricht:

E.: „Bist du traurig, weil du dir wünschst, dass Mama nicht so leidet? Tut es dir weh, wenn Papa so schreit?"

Pia, das zwölfjährige Kind nickt.

E.: „Hast du die Vorstellung, wenn es Mama schlecht geht, dann musst du mit ihr leiden und es darf dir nicht gut gehen?"

K.: „Ja, es ist so, als würde der Papa mit mir schimpfen und ich bin schuld, weil Mama den Einkaufszettel nicht schreiben kann."

E.: „Möchtest du Mama helfen und alles das tun, was sie nicht schafft, in der Hoffnung, es könnte ihr dann besser gehen?"

K.: „Ja, ich will ihr helfen, damit Papa nicht mit ihr schimpft."

E.: „Du fühlst, wie schlecht es Mama durch das Schimpfen geht. Ihr Schmerz wird zu deinem?"

K.: „Ja, ich bin ganz unglücklich."

E.: „Ich komme zu dir, weil ich möchte, dass du aufhörst, Mamas Schmerz zu tragen. Es ist ihr Schmerz und ich möchte, dass du ihn bei ihr lässt. Es ist in Ordnung, wenn du jetzt darauf vertrauen kannst, dass Mama alt genug ist, um

mit dem Ärger von Papa zurechtzukommen. Es ist nicht deine Aufgabe, die Mama zu schützen – das kann ein Kind nicht übernehmen! Eltern sorgen für die kleinen Kinder und nicht umgekehrt."
K.: „Meinst du wirklich?"
E.: „Ich bin ganz sicher. Ich weiß genau, wie wichtig es für mich ist, dass du sorglos spielen gehst, obwohl es Mama und Papa nicht gut geht. Du hättest schon längst jemand gebraucht, der dir das sagt. Es tut mir leid, dass ich erst jetzt zu dir komme, aber ich habe es auch erst vor Kurzem verstanden, ich konnte also nicht früher kommen. Wie geht es dir jetzt?"
K.: „Das fühlt sich neu an, aber irgendwie ist jetzt ein Zwischenraum zwischen mir und Mama. Ich kann mehr zwischen mir und ihr unterscheiden. Ich merke, dass mich dieser Abstand erleichtert."

Nach dieser inneren Vorstellung kehrt Pia zurück ins Hier und Jetzt. Sie konzentriert sich wieder auf ihre leidende Tochter.

Sie merkt, sie kann jetzt das Leid der Tochter wahrnehmen und erlebt den gleichen Abstand wie zum Leid der Mutter. Sie könnte jetzt mit Lea sprechen und ihr Leid wird nicht zu ihrem. Es ist eine Distanz entstanden, die sie als wohltuend erlebt. Sie erlebt, wie sich ihr Mitleid für die Tochter in Mitgefühl verwandelt hat.

Pia ist klar, dass sie als Kind diese Art von Entlastung gebraucht hätte: Jemand, der ihr sagt, dass kleine Kinder nicht die Verantwortung der Eltern tragen können. Pia ist traurig, weil sie die ganze Kindheit hindurch mit der Sorge gelebt hat, wie sie der Mutter helfen könne, und dabei ihre eigene Kindheit verpasst hat. Sie überlegt, ob sie wolle, dass ihre Tochter wieder fröhlich sein soll, damit sie selbst sich gut fühlen kann. Sofort ist klar, dass Mütter wollen, dass Kinder möglichst eine unbeschwerte Kindheit haben. Den Kummer der Kinder auszuhalten, wenn die eigene Kindheit betrübt war, ist gar nicht so einfach. Es kann aber nicht die Aufgabe des Kindes sein, den eigenen Kummer zu verstecken, um die Eltern zu schonen. Kinder brauchen Begleitung für ihren Kummer und nicht die Aufgabe, die Mütter glücklich zu machen. Das hätte sich für sie als Kind aus dem Mund ihrer Mutter so anhören können: „Bist du besorgt, weil Mama krank ist, und möchtest du, dass es mir wieder besser geht? Hast du die Überzeugung, jetzt wo es Mama schlecht geht, darfst du nicht fröhlich sein, weil mich deine Fröhlichkeit belasten könnte? Denkst du, wenn du jetzt besorgt und traurig bist, kannst du mir zeigen, wie lieb du mich hast?"

Wenn das Kind dies bejaht, dann wäre es fürs Kind unterstützend, wenn es hören könnte:
„Für mich ist Liebe, wenn ich weiß, dass du glücklich bist, obwohl ich gerade Schmerzen habe und traurig bin. Ich bin erwachsen und kann mir dafür Hilfe holen. Die kann ich nicht von dir als Kind bekommen. Da brauche ich jemand, der sich auskennt bei Schmerzen und Traurigkeit, und ich weiß, wo ich mir Hilfe hole.

Die größte Hilfe, die du mir geben kannst, ist die, dass ich weiß, du kannst jetzt mit deinen Freunden zusammen sein und kannst mit ihnen spielen. Wenn du weiter Sorgen hast, dann kannst du zu mir kommen oder zum Papa. Ist das so in Ordnung für dich? Ich weiß um deine Liebe zu mir. Du brauchst sie mir nicht zeigen, indem du mitleidest. Sei du mein Kind und fühle dich in Ordnung, obwohl es mir momentan nicht gut geht. Meinst du, du kannst das?"

Weithin erscholl sein Wehgeschrei
Und lockte die guten Eltern herbei.

Die gaben dann manchen zärtlichen Kuß
Ihrem lieben kleinen Hieronymus.

3.10.2 Der tote Hase

Ruth, acht Jahre alt, bekommt einen Zwerghasen geschenkt, den sie sofort in ihr Herz schließt. Jeden Tag, wenn sie von der Schule kommt, erzählt sie ihm ihre Sorgen und Freuden. Abends schläft der im Zimmer frei laufende Hase in ihren Armen ein. Er leckt ihr vergnüglich die Hand, wenn sie am Morgen aufwacht. Wenn sie ein Heft oder ein Spielzeug sucht, sitzt er auf ihrem Arm. Ruth erzählt, dass Molle ihr hilft und sagt, wo sie suchen soll. Molle ist so zahm, dass er frei im Garten herumhopst und sich am Abend zutraulich einfangen lässt. Zwei Jahre später liegt Molle plötzlich tot in seinem Stall. Ruth kann es nicht fassen. Sie ist untröstlich. Sie hat den toten Molle auf ihrem Arm.

Mutter (M.) und Ruth (K.) reden miteinander:

M.: „So verzweifelt traurig bist du, dass du gar nicht weißt, wie es jetzt weitergehen kann?"

K.: „Ja, es ist schrecklich, ich kann es gar nicht glauben. Kannst du nicht noch was machen, vielleicht lebt er ja doch noch. Schau doch mal, vielleicht schlägt sein Herz. Ach bitte, Molle fange wieder an zu atmen."

M.: „Wäre das schön, wenn er jetzt atmen würde und wieder lebendig wäre."

K.: „Ja, warum ist er denn gestorben, das kann doch nicht sein. Molle, du sollst bei mir bleiben. Wo ist er denn jetzt? Er fühlt sich nicht mehr so an, wie wenn er lebendig ist."

M.: „Was denkst du denn darüber, wo er jetzt ist?"

K.: „Meinst du, er kann mich noch sehen und hören?"

M.: „Genaues weiß ich darüber auch nicht, aber Menschen, die fast gestorben sind und wieder zurück ins Leben kamen, erzählen immer eine ähnliche Geschichte. Sie haben uns gesehen und gehört und sie waren noch da. So als ob ihre Seele weiterlebt. Diese Menschen erzählen, dass sie dabei viel Liebe und Frieden empfinden konnten."

K.: „Molle, ich will, dass es dir jetzt wirklich gut geht und du auf mich aufpasst. Wenn Molle wieder lebendig werden könnte, wenn ich mir meine Füße abhacken würde, dann täte ich es jetzt."

M.: „Das ist ja eine grausame Vorstellung. Liebst du ihn so sehr, dass du sogar im Rollstuhl fahren würdest?"

K.: „Wenn er dadurch wiederkäme, würde ich das wollen. Ich habe ihn so lieb und er fehlt mir."

Ruth legt ihren geliebten Hasen in eine Kiste und streut kleine rote Metallherzen auf ihn. Drei Stunden reden und weinen Mutter und Tochter miteinander. Sie begraben den Hasen im Garten und Ruth schläft weinend ein. Auch am nächsten Tag betrauert sie wiederholt, wie leer ihr Zimmer ist und wie allein sie sich fühlt. Zwei Tage später schlüpfen im Hühnerstall unter der Glucke kleine Küken. Ruth freut sich mit den Nachbarskindern.

K.: „Mama, die sind so süß. Weißt du was, ich finde es komisch, dass ich mich jetzt richtig freuen kann. Ich habe gedacht, dass ich nie mehr in meinem Leben fröhlich sein werde."

M.: „Hast du gedacht, dein Leben wäre jetzt immer ein wenig traurig, weil du Molle so vermisst?"

K.: „Ja, ich kann mich auch wieder freuen, erstaunlich, dass das möglich ist. Jetzt fühle ich mich irgendwie vorbereitet aufs Leben, weil ich weiß, dass ich ganz traurig sein kann und später auch wieder fröhlich. Das habe ich mir vorher nicht vorstellen können. Immer wenn ich früher daran dachte, dass Molle mal sterben würde, konnte ich mir nicht vorstellen, wie das Leben dann für mich weitergehen wird."

Ruth durchlebte noch einige kürzer werdende Phasen von Trauer. Sie redete von ihrem Hasen und erlangte nach Tagen eine Haltung der Akzeptanz. Sie war dankbar, dass sie mit Molle kurz vor seinem Tod noch redete und dass er starb, ohne groß zu leiden. Sie stellt ihn sich glücklich lebend vor, bei seiner Mutter in einer anderen Welt. Die Geschichte „Brüder Löwenherz" von Astrid Lindgren[7] ist für sie ein Modell, das ihr eine Vorstellung gibt von einem Leben nach dem Tod.

Die Trauer der Tochter in der vollen Tiefe und Intensität zu durchleben, war auch für die Mutter schwer. Sich die Füße abhacken zu wollen ist eine krasse Ausdrucksweise, die die Mutter erschreckte. Die Mutter fragte sich, ob das Kind wohl überfordert sei und ob es diesen Schmerz verkraften würde. Im Vertrauen darauf, dass dieses Kind in seinem Schmerz Begleitung braucht, konnte die Mutter ihre Tochter begleiten. Sie verzichtete auf Vertröstungen, es gäbe noch andere Hasen und irgendwann werde es wieder gut werden. So konnte die Tochter für sich selbst entdecken, dass nach einer tiefen Trauer das Leben sich weiter entfaltet. Diese schmerzliche Lebenserfahrung verwandelte sich zu einer Chance, die Ruth begleitet durchlebte und sie zu einer größeren Lebensreife führte.

Drei Wochen später erzählt Ruth: „Ich habe geträumt und ich wusste, ich bin im Traum, da war mein Molle und ich beeilte mich, dass ich ihn schnell auf den Arm nehme und streichele, weil ich ja nicht wusste, wie lange mein Traum dauert. Das war so schön, es war wie immer, ob er wirklich zu mir zurückkam? Ich habe es genau gefühlt."

Den Schmerz des eigenen Kindes zu begleiten ist eine große Herausforderung für Eltern. Da sich Eltern wünschen, dass ihre Kinder glücklich sind, wollen sie alles tun, damit der Schmerz aufhört.

---

7 Astrid Lindgren: *Die Brüder Löwenherz*. Oetinger, Hamburg 1974.

Für manche Eltern ist der Schmerz der eigenen Kinder nicht zu ertragen und sie verlangen von ihnen, dass sie mit ihrer Trauer aufhören: „So, jetzt ist aber mal Schluss, das geht nicht mehr so weiter! Höre endlich mit dem Heulen auf. Du musst doch mal einsehen, dass man nicht ewig trauern kann." Ich habe beobachtet, dass diese Eltern selbst in ihrer Kindheit einen Kummer erlebt haben, den sie bis heute fühlen können, wenn sie sich an die Begebenheit erinnern. Es können schmerzliche Erfahrungen sein, die sie sogar vergessen haben. Fängt das Kind an zu weinen, dann wird durch den Schmerz des Kindes der eigene Schmerz erinnert. Für diese Eltern ist es schwer, im Mitgefühl zu bleiben. Schnell empfinden sie stattdessen Mitleid. Sie leiden mit, indem sie ihren eigenen Schmerz fühlen, den sie nicht aushalten können. Aus diesem Grund tun sie alles mögliche, um die schmerzlichen Gefühle ihrer Kinder zu beenden. Kinder entwickeln für diese Situationen ein feines Gefühl und zeigen zunehmend weniger ihre Trauer, um die Eltern nicht zu belasten. Es besteht die Möglichkeit, dass sie stattdessen körperliche Symptome wie Fieber, Bauchschmerzen oder Kopfschmerzen entwickeln.

Ich habe beobachtet, dass es für die betroffenen Eltern schwer ist, diese Zusammenhänge zu erkennen, weil sie sofort einen Schreck bekommen und in ihrer inneren Bewertung meinen, etwas bei ihren Kindern falsch gemacht zu haben. Diese Bewertung führt zur Abwertung des bisherigen Verhaltens und zur Resignation. Eltern brauchen hier Anleitung, wie sie ihren verdrängten Schmerz heilen können. Sie sind dann wahrscheinlicher in der Lage, den Unterschied von Mitgefühl und Mitleid zu erkennen.

Empathie können wir dann geben, wenn wir uns ganz frei machen von unseren eigenen Vorstellungen, wie der Schmerz am besten gelöst werden könnte. Im Mitgefühl sind wir ganz beim anderen in seinem Kosmos, während wir feste Verbindung haben zu unserer eigenen Welt. Es gibt unendlich viele Welten und jeder Mensch lebt in seiner eigenen. Es hilft dem anderen, wenn wir ihm helfen, den Weg in seinem Kosmos zu finden, ohne ihm die Wege vorzuschreiben, die wir in unserer Welt kennengelernt haben. Um sich im eigenen Kosmos zurechtzufinden, gibt es Grundüberzeugungen, die ihm bisher in seinem Leben geholfen haben. Mit Kindern zu leben bedeutet, dass die eigenen Überzeugungen der Eltern ihre Grenzen haben und eine Neuorientierung nötig ist.

4. Kulturwechsel

4.1 Vom Gehorsam zur Freiwilligkeit

Seit ich Eltern in Kursen und in meiner Arztpraxis begleite, höre ich häufig folgenden Satz: „Egal was ich sage, mein Kind hört nicht und macht was es will."

Da nur die wenigsten Kinder mit einem Hörschaden auf die Welt kommen, macht es mich neugierig, was Kinder bewegt, wenn sie „muttertaub" werden.

Ein elfjähriger Junge sitzt mit seiner Mutter in meiner Praxis aufgrund eines Hautekzems, das seit Jahren besteht. Ich höre der Mutter zu, was sie von dem Jungen berichtet. Unerwartet für mich erinnert der Junge die Mutter: „Du hast mir versprochen, dass ich allein mit der Ärztin sprechen kann. Du hast gesagt, dass du im Wartezimmer bleiben würdest."

Nachdem die Mutter den Konsultationsraum verlassen hat, berichtet der Junge: „Weißt du, ich habe es da nicht einfach mit meiner Mutter. Sie schlägt mich immer wieder oder sie schreit mich an."

In dem Gespräch steht A. für Ärztin und K. für das Kind:

A.: „Hast du deine Mutter lieb und fragst dich, was du tun kannst, damit sie damit aufhört?"
K.: „Ich weiß schon, ich müsste auf sie hören."
A.: „In welchen Situationen kannst du sie denn nicht hören?"
K.: „Also wenn ich spiele, dann ruft sie mich und ich soll ihr was helfen."
A.: „Ach so, du hörst sie, aber du möchtest dein Spiel nicht unterbrechen. Bist du dann angespannt, weil du einerseits zu ihr gehen willst, um ihr zu helfen, anderseits aber auch das beenden möchtest, was du gerade angefangen hast?"
K.: „Ja, aber ich weiß, wenn ich nicht sofort komme, dann kommt sie und schlägt mich."
A.: „Das hört sich für mich so an, dass es ganz schön anstrengend für dich ist, sowohl für dich zu sorgen als auch das zu tun, was deine Mutter sich wünscht."
K.: „Genau, richtig anstrengend."

Ich habe mit diesem Jungen noch eine zeitlang gesprochen. Es war ihm wichtig, dass ich der Mutter nichts von diesem Gespräch erzähle, weil er befürchtete, sie könne ihn dafür schlagen.

Nach ein paar Wochen rief die Mutter an und berichtete erfreut, dass das Ekzem abgeheilt sei. Als es nach Monaten wieder auftauchte, war dies die Gelegenheit, mit diesem Jungen erneut ins Gespräch zu kommen.

Die Kooperationsbereitschaft von Kindern hat mich immer wieder beeindruckt und ich möchte dazu beitragen, dass wir Eltern verstehen, was unsere Kinder uns mitteilen wollen, wenn sie nicht so hören, also „funktionieren", wie wir es wollen.

Über Generationen wuchsen Kinder in hierarchischen Kulturen auf. Kinder standen in der Hierarchie ganz unten und bekamen ihre Wertlosigkeit mittels erzieherischer Maßnahmen gezeigt. Wer Unterordnung akzeptierte, bekam Zuwendung und wurde wahrgenommen. Auch in ihren Spielen beschäftigte die Kinder, wer oben und wer unten stehen darf. Ihre Verhaltensweisen waren von Gewinnen und Siegen geprägt. Wie Pat Patfoort in ihrem Buch[8] ausführlich beschreibt, bewegen sich die Menschen in Minder-/Mehrsystemen. Als Erwachsene sind die Beziehungen weiterhin geprägt von: Wer hat das Sagen und wer ordnet sich dem anderen unter? Der Untergeordnete wird seinen niederen Rang zeitweise akzeptieren und sich fügen oder aber dagegen ankämpfen. Mit diesen Rudelkämpfen oder dem inneren Rückzug sind Menschen dann die längste Zeit ihres Lebens beschäftigt. Das historische Modell der Hierarchie ist mit einem Dreieck zu vergleichen, dessen Spitze nach oben zeigt. An der Basis haben viele Menschen Platz. Auf den oberen Rängen sind es nur wenige, die das Leben der anderen bestimmen.

Eine gleichwertige Kultur kann mit einem Kreis verglichen werden. Alle Menschen, ob Kind oder Erwachsener, sind zwar nicht gleich sondern vielfältig und bunt, aber gleich viel wert! Wir sprechen daher von Gleichwertigkeit. Menschen stehen im Wert weder über noch unter anderen Menschen.

Auch wenn Eltern und Kinder gleichen Wert haben, besteht ein wichtiger Unterschied: Sie haben unterschiedlich viel Verantwortung. Eltern tragen die Verantwortung für das Leben ihrer Kinder und geben diese den Kindern weiter, entsprechend deren Entwicklung und der damit verbundenen Einsicht in die Lebenszusammenhänge. Die Aufgabe der Eltern besteht darin, der Situation angemessene schützende Macht anzuwenden: „Ich begrenze dich noch oder gebe dir schon Freiheit." Eltern orientieren sich an dem Kriterium, ob das Kind aufgrund seiner Reife die Folgen seines Handelns tragen kann.[9]

Kinder gehen ihren Weg von der Fremd- in die Selbstbestimmung. Meiner persönlichen Meinung nach ist dieser Weg spätestens mit 16 Jahren abgeschlossen. Kinder brauchen weiterhin Jahre der Begleitung, aber keine Begrenzung mehr durch die Eltern. Sie nehmen spätestens mit 16 Jahren ihr Leben selbst in die Hand.

---

8   Pat Patfoort: *Sich verteidigen ohne anzugreifen.* Werkstatt für Gewaltfreie Aktion, Baden 2008.
9   Hahn, B.: *Ich will anders als du willst, Mama!* Junfermann, Paderborn 2007.

Eltern können Kinder begrenzen, indem sie Nein sagen, oder Freiheit geben, indem sie Ja sagen. Sie können aber ohne Gewalt nie ein Kind, das ein autonomes Wesen ist, dazu bringen, etwas zu tun, was es nicht selbst will. Die hierarchische Kultur hat diese Illusion gehabt und mit Gewalt erzwungen, dass Kinder taten, was sie nicht wollten und sich schlimmstenfalls daran gewöhnt haben, dass dies in Ordnung sei. Die Methoden, um Kinder zu zwingen, sind Strafe, Belohnung, Manipulation, Beschämen, Beschuldigen und den Eindruck mittels einer „jeder muss das tun"-Sprache zu vermitteln, als gäbe es keine Wahlmöglichkeiten.

Das Prinzip der Freiwilligkeit ist noch nicht selbstverständlicher Erziehungsstil unserer Kultur. Ich freue mich, dass ich bei Jesper Juul gelesen habe: „Keine Pflichten für Kinder bis 14 Jahre."[10] Jetzt gibt es damit sogar einen Erziehungswissenschaftler, auf den ich mich berufen kann. Wie viele Eltern hat auch mich der Glaubenssatz: „Was Hänschen nicht lernt, lernt Hans nimmermehr" geprägt. Dieser Satz hat mich als junge Mutter unter Druck gesetzt, bloß rechtzeitig die Kinder richtig zu erziehen. Den Druck habe ich an meine Kinder weitergegeben, wobei es viel wichtiger gewesen wäre, Beziehung zu gestalten. Erst das Wissen um die Spiegelneurone hat mich befähigt, locker zurückzulehnen und beruhigt die natürliche Entwicklung meiner Kinder zu beobachten.

---

10 Jesper Juul: *Die kompetente Familie.* Kösel, München 2007.

4.2 Spiegelneurone

In den neunziger Jahren wurden im Gehirn die Spiegelneurone entdeckt. Eltern brauchen das Wissen: Kinder lernen nicht durch Belehrungen, sie lernen durch Nachahmung. Die Spiegelneurone helfen dabei. Im Gehirn wird unbewusst alles nachgespielt, was wir über unsere Sinne aufnehmen, so als ob wir es selber täten. Alles was Eltern vorleben, wird nachgeahmt. Ermahnen Eltern, lernen Kinder in erster Linie nicht den Inhalt der Ermahnung, sondern sie lernen das Ermahnen.

> Henry ist zwei Jahre alt. Seine Eltern verbringen ihren Urlaub in einem familienfreundlichen Hotel am Bodensee. Die Mutter bedrängt am reich gedeckten Frühstückstisch ihren Sohn, er möge doch etwas essen. „Ich will nicht", ruft er. Als sie versucht, ihm das Honigbrötchen in den Mund zu stecken, spuckt er es wieder aus. Etwa zehn Mal versucht die Mutter, das leckere Brötchen in Henrys Mund zu bekommen. Henry hört die verschiedensten Argumente, wieso es für ihn jetzt notwendig ist, etwas zu essen. Entnervt sagt die Mutter zu ihrem Mann: „Ich wäre so froh, er hätte wenigstens etwas in seinem Bauch." Henrys Mutter ist in Sorge. Sie möchte, dass ihr Kind satt ist und sie ihren Urlaubstag sorglos verbringen können, ohne sich eine Stunde später von Henry anhören zu müssen, dass er jetzt doch Hunger hat. Wir wissen noch nicht, welches Bedürfnis Henry sich erfüllt, indem er das Schlucken verweigert.

Essen gehört zu dem Verantwortungsbereich, über den ein Mensch höchstpersönlich selbst bestimmt, egal wie alt er ist. Niemand kann für einen anderen Menschen schlucken. Auch wenn die Mutter ihm eine Magensonde legen und so das Frühstück in seinen Magen befördern würde, hätte Henry entschieden, dass er nicht schluckt, weil er nicht will. Die Selbstverantwortung des Kindes achten, heißt, seine persönliche Grenze anzuerkennen, indem die Mutter von ihrer Sorge, das Kind möge satt sein, zunächst Abstand nimmt und sich in ihr Kind einfühlt, indem sie sagt: „Fühlt Henry, dass er satt ist?" Sie könnte sein Nein zum Essen anerkennen, indem sie sagt: „Henry möchte nicht frühstücken." Damit könnte sie dem Kind zu verstehen geben, dass sie verstanden hat, dass er anders will. Henry könnte erleben, es wird akzeptiert, wenn er Nein sagt. Damit würde er gleichzeitig die Fähigkeit lernen, das Nein eines anderen Menschen zu akzeptieren. Kooperation bedeutet, das zu lernen, was die Eltern vorleben. Henry lernt mittels seiner Spiegelneurone, ein Nein wird nicht akzeptiert.

Alles was Kinder erleben, ob sie es lieben oder nicht, wird gelernt. Das Nein nicht zu achten, bedeutet, das Kind zu lehren, die persönlichen Grenze eines anderen Menschen zu überschreiten. Henry ist gelehrig. Was ihm dabei hilft, sind seine Spiegelneurone. Mit zunehmendem Alter verhindern hemmende Neurone die sofortige Umsetzung von dem, was gesehen wird. Ist das Kind jünger als sechs Jahre, hat es erst wenige hemmende Neurone. Das führt dazu, dass kleine Kinder die nahen Bezugspersonen in Handlungen, Sprache, Gefühlen und Empfindungen ohne Verzögerung nachahmen. Diesen Effekt machen sich Eltern zunutze. Wenn der Säugling den Mund öffnen soll, öffnet die Mutter selbst den Mund. Die Mundbewegung wird in den Gehirnzellen unabhängig vom Bewusstsein wahrgenommen, indem sie selbst ausgeführt wird. Der Mensch lernt, indem seine Spiegelneurone Impulse geben, das zu tun, was er gerade erlebt. Spiegelneurone sind keine moralische Instanz, die entscheiden, ob etwas richtig ist oder nicht. Sie arbeiten zunächst unabhängig vom Inhalt wie ein Kopierer. Ein Kopierer kopiert Schriftzeichen und Bilder egal, ob der Inhalt wertvoll, unsinnig oder verletzend ist. Das Kind lernt, indem es die andere Person nachahmt. Wird ein Kind geschlagen, lernt es das Handlungsmuster Schlagen, auch wenn Schläge ihm selbst schaden.

Die Spiegelneurone spiegeln und Henry lernt sich kennen, indem er die Mutter imitiert, ohne zu bewerten, ob die Handlung sinnvoll oder schädlich ist.

Wenige Minuten später füllt die Mutter, noch am Tisch sitzend, den Anmeldebogen für das Hotel aus. Henry ruft: „Henry auch schreiben!"

Gerade eben noch hat er erlebt, wie die Mutter seine Grenze der Selbstbestimmung überschritt. Wiederholt ignorierte sie sein Nein, indem sie versuchte, gegen seinen Willen das Brötchen in seinen Mund zu stopfen.

„Lass mich!", sagt sie jetzt, denn sie will den Bogen ungestört ausfüllen. Jetzt wiederholt Henry das eben Gelernte. Er hört das Nein der Mutter, und möchte die Mutter nun auch davon überzeugen, sie möge ihn schreiben lassen, mit der gleichen Ausdauer, wie sie gerade versucht hat, ihn davon zu überzeugen, dass er schlucken solle. Er spuckte das Brötchen aus seinem Mund, sie schleudert ihm jetzt ihren Unwillen entgegen, indem sie ausdauernd keine Reaktion zeigt oder genervt unwillige Bemerkungen ihm entgegen „spuckt": „Jetzt hörst du auf!"

Vielleicht ist das die Antwort auf die obige Frage, wieso Henry nicht essen möchte. Es geht nicht um das Essen, es geht um das Imitieren der Mutter, die er ja heute nicht zum ersten Mal so erlebt. Er hat ein Bedürfnis nach Weiterentwicklung und das erfüllt er sich im Nachahmen. Wenn sie etwas nicht möchte, dann ignoriert sie Henry oder „spuckt" ihm ein paar Worte entgegen. Genau dieses Verhalten hat er gerade beim Thema Essen angewendet. Es ging nicht um Hunger oder Sättigung, sondern um das Üben der Fähigkeit, Nein sagen können, auf dem Weg, wie es die Mutter vorlebt.

Henry wird zunehmend ungehalten im gleichen Maß, wie die Mutter gerade eben noch ungehalten darüber war, dass Henry nicht frühstücken möchte. Überraschend tupft die Mutter nun mit ihrem Kugelschreiber einen kleinen Punkt auf Henrys Hand. Henry freut sich, er bewundert den Punkt und lacht. Ist das ein neues Spiel? Jetzt nimmt Henry die verkrümelte und verschmierte Serviette und tupft diese überraschend für den Vater auf dessen Brille. Der Vater ist nicht erfreut und Henry hört, er sei unartig.

Dieses Beispiel verdeutlicht, dass es gar nicht so einfach ist, aus der Sicht des Kindes die sozialen Spielregeln kennenzulernen. Das Kind kopiert Handlungen und Gefühle unabhängig von deren moralischen Inhalt. Während Henry dies tut, lernt er die Handlungsmuster seiner Familie, und zwar wie man einem anderen Menschen etwas aufdrängt, ob der dies nun gut findet oder nicht.

Am Nachbartisch sitzt ein anderer zweijähriger Junge, auch er will sein Brötchen nicht essen. Der Vater versucht ebenso erfolglos, seinen Jungen zum Essen zu bewegen. Nachdem der Vater die Vorzüge des Essens erklärt hat und Emil mit geschlossenem Mund ausharrt, erfährt Emil, dass sein Vater ihn nun ins Zimmer bringen wird und er dort bleiben soll, bis er sich entscheidet zu essen. In dieser Familie wird gedroht. Emil hat schon viele Vorerfahrungen mit Drohungen, also hat er drohen gelernt. Er sagt: „Ich werde nicht im Zimmer bleiben." Worauf der Vater erwidert: „Ich werde das Zimmer abschließen." Emil droht: „Ich werde dann aus dem Fenster springen", worauf der Vater antwortet, dass er auch das Fenster abschließen werde.

Meine elfjährige Tochter verfolgt wie ich das Gespräch mit Interesse und meint flüsternd: „Das hört sich nach Kindesmisshandlung an. Mama, bleib still, du sagst aber nichts." Sie fürchtet, ich würde mich einmischen, was nicht abwegig ist, denn es reizt mich, als Übersetzerin zwischen Kind und Eltern tätig zu werden. Mir ist bewusst, dass auch dieser Vater in seiner Kindheit Androhungen dieser Art erfahren hat. Hätte er einen wertschätzenden Umgang mit seiner Person erlebt, wüsste er, was sein kleiner Sohn braucht. Er braucht keine Drohungen oder eine Anleitung zur Handhabung eines Bügeleisens oder eines Toasters, sondern die Anerkennung einer eigenständigen Persönlichkeit, die Ja oder Nein sagen möchte und dieses gerade übt.

Höchstwahrscheinlich haben beide Jungen ein Nein ihrer Eltern in den verschiedensten Situationen gehört und das erlernte Neinsagen wird beim Essen erprobt. Als weiteren Schritt erlernen sie jetzt die Fähigkeit, dieses Nein nicht zu akzeptieren, indem die Eltern ein Ja erzwingen wollen. Ein Ja zu erzwingen, ist die Fähigkeit, die diese beiden Jungen in den verschiedensten Variationen durch Üben zukünftig perfekt beherrschen werden.

> **Eltern können das Nein ihrer Kinder nicht akzeptieren, wenn diese den Tisch decken oder lernen sollen.**
>
> **Gleichzeitig beschweren Eltern sich, dass die Kinder ein Nein von ihnen nicht akzeptieren wollen, wenn diese spät fernsehen oder über die Straße rennen wollen.**

Hier braucht nicht das Kind Erziehung, sondern die Eltern brauchen Zuversicht trotz ihrer Sorge und Angst. Die Mutter von Henry kann dann darauf vertrauen, dass Henry selber weiß, wann er hungrig ist. Wenn der Vater statt Ohnmacht sich mit seiner Gelassenheit verbinden könnte, dann könnte sich das so anhören:

„Emil, bist du satt und bittest mich, dir zu glauben?" Wenn Emil nickt, könnte der Vater sagen: „Ich akzeptiere, dass du Nein sagst, ich höre dich, dein Körper fühlt satt. Es ist wichtig, wenn du deinem Körper zuhören kannst. Wo fühlst du denn, dass du satt bist? Ach so, da an deinem Bauch, gut, wie dein Bauch mit dir reden kann. Er ist satt. Ich selbst kann deinen Körper ja nicht hören. Ich mache mir Sorgen, ob er nicht zu früh satt gerufen hat, ich will mir sicher sein, dass er jetzt weiß, es gibt jetzt eine Pause für den Bauch. Erst beim Mittagessen darf er wieder essen. Kannst du das deinem Bauch sagen? Er soll von dir lernen, dass er dann warten soll, denn wir gehen jetzt wandern. Deine Beine brauchen dich beim Wandern. Jetzt darf der Bauch sich melden und später sind die Beine die Hauptperson. Hat das dein Bauch verstanden?"

Eltern, die ihre eigenen Bedürfnisse und die ihrer Kinder benennen können und dafür sorgen, dass beide Seiten gesehen werden, schaffen ein Modell, an dem die Kinder über ihre Spiegelneurone automatisch lernen, was ein mitfühlendes Wesen ist. Es sorgt für sich, indem ihm die Erfüllung der eigenen Bedürfnisse und die der anderen Menschen wichtig ist.

4.3 Hierarchisches oder gleichwertiges Zusammenleben?

Personen, die hier im Buch beschrieben wurden, sind in hierarchischen Systemen aufgewachsen. Sie haben gelernt, ihre Bedürfnisse nach den Kriterien des hierarchischen Systems zu erfüllen. Über die Spiegelneurone haben sie das Konzept der Hierarchie als Handlungsmöglichkeit in ihrem Gehirn gespeichert.

Die Kinder Jutta, Thomas, Anke und Irene wurden diszipliniert mit Beschimpfungen, Schlägen, Ohrfeigen und sogar Tritten. Peggy, Rolf, Renata und Marion wurde vermittelt, sie seien nicht liebenswert und sie wurden darauf trainiert, Ja zu sagen, wenn sie eigentlich Nein sagen wollten. Miriam und Rolf sollten die Kunst des Funktionierens lernen und dabei nicht auffallen. Pia und Susanne fehlte die äußere Stütze einer Mutter. Sie waren emotional überfordert. Daniel litt unter dem Hänseln anderer Kinder. Beate erfuhr, dass sie ein liebenswerter Mensch ist, wenn sie fleißig gute Schulleistungen nach Hause bringt.

Nun sind diese Menschen selber Eltern und wollen ihren eigenen Kindern einen guten Start ins Leben ermöglichen. Welche Kriterien wählen sie? Das hierarchische System bietet Zugehörigkeit und somit auch Geborgenheit, aber zum Preis von individueller Freiheit. Die Freiheit ist im gleichwertigen Modell häufig auf Kosten der Gemeinschaft zu finden. Der individuelle Mensch steht in Gefahr sich zu isolieren. Menschen sind von Natur aus sozial und brauchen beides: Geborgenheit und Freiheit.

Wie sieht eine gleichwertige Gesellschaft aus? Wir kennen einige Kriterien: Jeder Mensch und damit auch jedes Kind verdient Achtung und Respekt. Jeder Mensch möchte gesehen werden und seinen Beitrag geben für die Gemeinschaft. Es bedeutet Glück, andere Menschen glücklich zu sehen und dazu beigetragen zu haben. Wären wir in einer Gesellschaft aufgewachsen, in der dies selbstverständlich gelebt wurde, dann wüssten wir auch in unserem Mittelhirn, wie das geht.

Der eigene Anspruch, mit den eigenen Kindern einen wertschätzenden Umgang zu führen, kann an den eigenen Fähigkeiten scheitern. Aufgewachsen in der Kindheit mit einer Haltung von Gewinnen und Verlieren sind Eltern wenig geübt, in kritischen Momenten eine wertschätzende Haltung dem Kind gegenüber einzuhalten, wenn es sich mit für sie unannehmbarem Verhalten äußert. Das eigene Erleben wurde in einer hierarchischen Kultur geprägt.

Dem Verstand leuchtet ein, dass jeder Mensch wertvoll ist. Eltern entdecken, dass sie unwillkürlich ihre Kinder zu Unterwerfungsritualen zwingen, trotz der zuvor bestehenden guten Absicht zu einem respektvollen und wertschätzenden Umgang. Die Kinder wiederum haben in den Medien und ihrer Umgebung vielfältig gelernt und erprobt, sich zu behaupten. So ist auch Schule heute noch ein Ort, in der Schüler über die Spiegelneurone am Modell von einigen Lehrern gut lernen können, wie man Kinder mit Androhung von Strafen und mit schlechten Noten dazu bringt, sich unterzuordnen.

Für Eltern sind es frustrierende Situationen, wenn nun wiederum ihre Kinder sie zur Unterwerfung zwingen. Aus diesem Grund ist es verständlich, dass Eltern sich in solchen Krisensituationen nach einer Zeit sehnen, in der es noch „funktionierte". Ratgeber werden Bestseller, die die alten Disziplinierungsmaßnahmen ausgefeilt erneut anpreisen. Die Frage bleibt: Wollen wir zurück zum Gehorsam? Wir können uns nicht mehr darauf verlassen, dass wir hilfreiche Anordnungen bekommen können, um eine lebenswerte Welt zu gestalten, in der jeder seinen Raum und Platz hat. In unserer komplexen Lebensform brauchen wir die Fähigkeit, Verantwortung für den jeweils eigenen Lebensbereich zu übernehmen. Die Erde ist zu ihrem Überleben darauf angewiesen, dass jeder Mensch in Selbstverantwortung nachhaltig handelt.

Ich habe die Überzeugung, dass wir die weltweiten Probleme nicht lösen können, die mit hierarchischen Modellen entstanden sind, sondern eher mehr davon schaffen. Ich hoffe, dass wir rechtzeitig unterwegs sind zu einem Umgang miteinander, der geprägt ist von Wertschätzung eines jeden Menschen und dem Vertrauen, dass jeder Mensch Selbstverantwortung für das gesamte Leben übernehmen will.

Für den empathischen Umgang mit den Kindern der nachfolgenden Generation hat dies folgende Konsequenzen:

Wir helfen ihnen empathisch, ihre Bedürfnisse als berechtigt anzuerkennen. Die Strategien, die sie wählen, um sich ihre Bedürfnisse zu erfüllen, orientieren sich an Werten, die es ermöglichen, dass alle Menschen sich ihre Bedürfnisse erfüllen wollen. Dieses Zusammenleben ist geprägt von Freiwilligkeit. Der Freiwilligkeit Raum zu geben bedeutet, dass wir unsere Kinder nicht mehr zwingen, etwas zu tun, was sie selbst nicht wählen. Dafür brauchen Eltern das Vertrauen, dass jeder Mensch von Natur aus gern kooperiert, wenn er vertrauen kann, dass er nicht gezwungen wird. Diese Kooperationsbereitschaft wird von der Hirnforschung momentan vielfältig entdeckt. Jetzt wäre es gut, dass dieses Wissen sich schnell herumspricht, denn nur mit Vertrauen auf die Kooperationsbereitschaft eines jeden Menschen können wir als Eltern und auch als Gesellschaft auf sinnlose Kontrollrituale verzichten, die Menschen dazu bewegen sollen, sich unterzuordnen.

Die hier aufgezeigten Gesprächsprotokolle orientieren sich empathisch an den Werten einer gleichwertigen Gesellschaft. Die Grundbedürfnisse eines Menschen wurden bei der Auswahl der Protokolle berücksichtigt.

Haben Sie dies bemerkt?

Nachfolgend sind die neun Grundbedürfnisse mit den zugehörigen Gefühlen bildlich dargestellt:

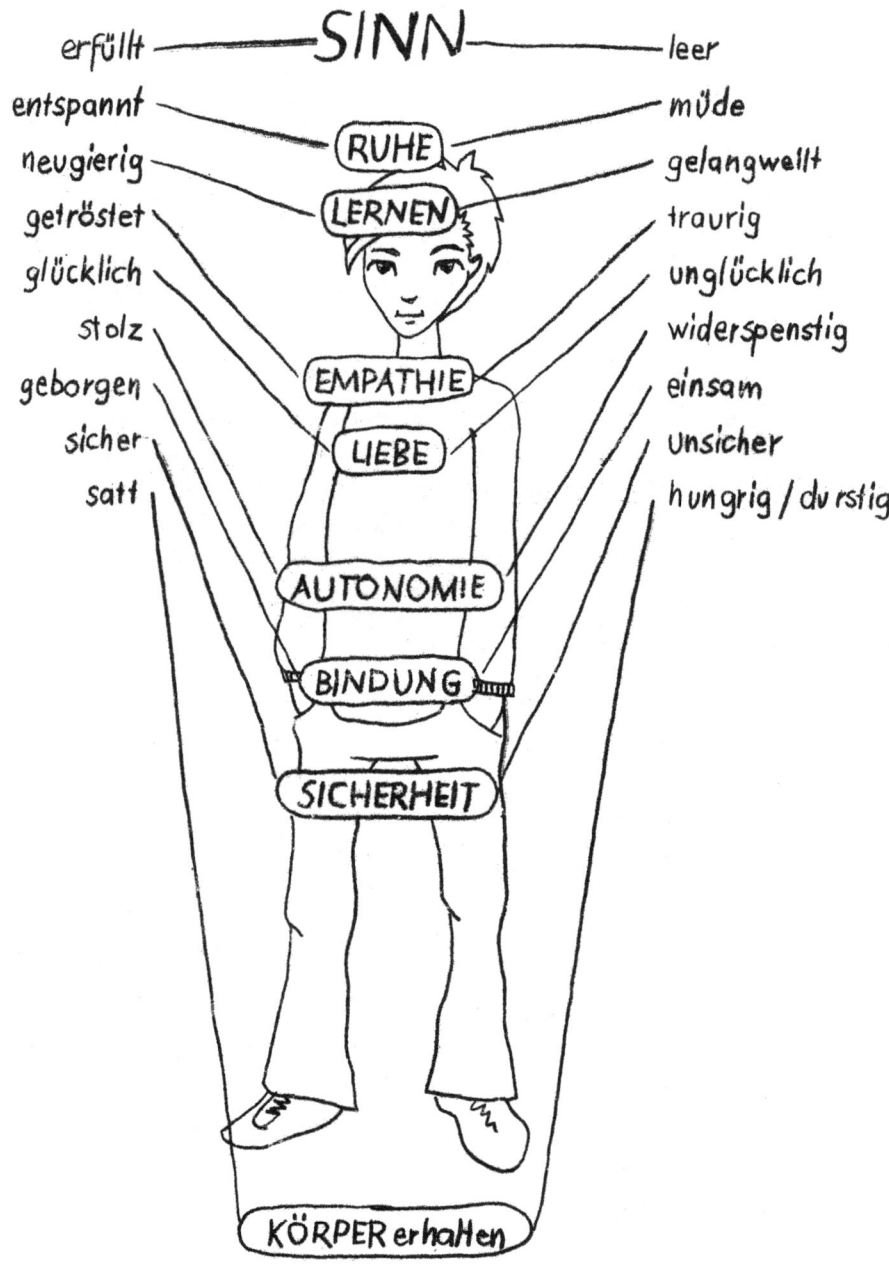

Den Körper erhalten bedeutet, überhaupt zu existieren. Das Herz steht symbolisch für die Liebe, der Bauchnabel für die Autonomie, die Zugehörigkeit ist da, wo das Kind in der Gebärmutter verbunden ist mit der Mutter. Mit der Sicherheit können wir im Leben aufrecht stehen, die Empathie ist dem Kehlkopf zugeordnet, denn dort bilden sich einfühlsame Worte, hinter der Stirn ist unser rationales Gehirn. Spielend können wir alles lernen, was natürlich ist. Am Scheitel können wir zur Ruhe kommen, um uns vielleicht auch für die spirituellen Weisheiten des Universums zu öffnen und unserem Bedürfnis nach Sinn nachzuspüren, in dem wir eingebettet sein wollen.

Unser Organismus ist so weise, dass er zu jedem entsprechenden Bedürfnis sinnverwandte Gefühlsqualitäten entstehen lässt, die darauf hinweisen, ob das Bedürfnis erfüllt oder unerfüllt ist.

So ist in der Geschichte „in der Luft hängen" bei Daniel das Bedürfnis nach Sicherheit bedroht. Er fühlt Angst. Bei Renata, die die Schuhe ihres Bruders putzen soll, geht es um die Balance von Autonomie und Zugehörigkeit. Sie ist unglücklich, weil sie die Liebe ihrer Mutter braucht. Marion möchte, dass die Mutter ihre Autonomie anerkennt und sie fühlt Widerstand. Rolf und Sabine ist Liebe wichtig und deshalb wünschen sie einen respektvollen Umgang mit ihren Eltern. Sie sind unglücklich. Miriam möchte spielen dürfen und Abenteuer erleben können und die Freude ihrer Mutter in deren Augen sehen können, um sich stolz zu fühlen. Beate will lernen und braucht wie Anke die Gewissheit, sie sei liebenswert, auch wenn Fehler passieren. Sie sind neugierig. Pia ist traurig, weil ihr Empathie fehlt wegen der Sorgen um die eigene Mutter.

Wenn wir unsere Kinder empathisch zu ihren Bedürfnissen geführt haben, geht es in einem nächsten Schritt darum, mit welchem Verhalten sie sich diese erfüllen. Kriterien hierfür sind unsere Werte, die wir unseren Kindern vermitteln wollen. Folgende Werte nennen heute Eltern, die ein Elterntraining besuchen und sich mit der Frage beschäftigen: Welche Eigenschaften möchte ich an meinen Kindern sehen, wenn sie erwachsen sind?:[11] Ehrlichkeit, Aufrichtigkeit, dem Leben positiv gegenüberstehen, Hilfsbereitschaft, liebevoller und wertschätzender Umgang miteinander, Selbstbestimmtheit, Fantasie, Verbundenheit mit der Natur, Kreativität, seelische und körperliche Integrität, Grundvertrauen in das Gute im Menschen, authentisch sein.

Mit diesen Werten kann eine gleichwertige Kultur gestaltet werden.

An den sozialen Gefühlen, wie Scham, Schuldgefühl, Ekel, Reue können Menschen erkennen, ob die Werte, denen sie sich verpflichtet wissen, eingehalten sind oder verletzt werden. Zum Beispiel empfinden wir Scham, wenn andere beurteilen, dass wir uns nach unseren eigenen Werten falsch verhalten haben. Schuld und Reue hinge-

---

11   Aus: Hart, S. & Hodson, V.K.: *Respektvoll miteinander leben.* Junfermann, Paderborn 2007.

gen fühlen wir, wenn wir selbst erkennen, dass wir etwas falsch gemacht haben nach den Kriterien unserer Werte. Während Wut, Angst und Freude sehr früh gefühlt werden, setzen soziale Emotionen ein Ichbewusstsein voraus. Mit dem Erkennen der eigenen Person als einzigartiges Wesen geht die Einsicht einher, dass andere Menschen ebenfalls Einzelwesen sind. Das führt letztendlich zu der Fähigkeit, peinlich berührt von dem zu sein, was andere über uns denken.[12]

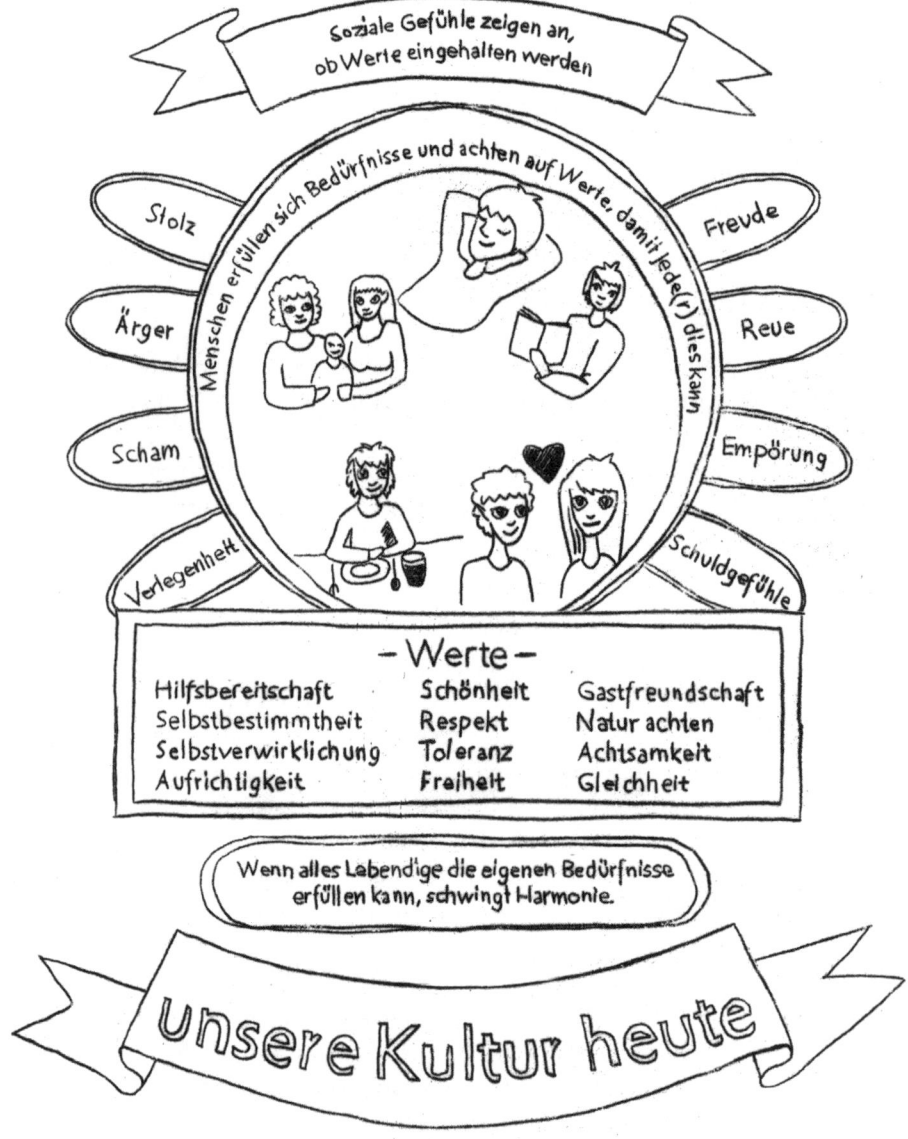

---

12 Daniel Goleman: *Soziale Intelligenz*. Droemer, München 2006, S. 201.

Kinder lernen die Werte kennen, die ihre wichtigen Bezugspersonen leben. Belehrungen sind in der Regel zwecklos.

Wenn die gleichen Eltern im Elterntraining gefragt werden, welche Werte sie ihren Kindern hätten vermitteln wollten, wenn die Frage vor 100 Jahren gestellt worden wäre, antworten sie:

Gehorsam, Ehre, Unterordnung, Aufopferung, Fleiß, Mut, Härte sich selbst gegenüber.

Auch hier zeigen die sozialen Gefühle an, ob die eigenen Werte gelebt werden. Vor 100 Jahren reagierten die Gefühle auf Werte mit anderen Inhalten.

Genau diese Werte braucht es, um die Hierarchie zu gestalten. In den Büchern von Wilhelm Busch kann in den einzelnen Geschichten studiert werden, wie Hierarchie gelebt werden sollte und wo sie im persönlichen Umgang scheiterte. Humorvoll nimmt er einzelne Szenen in den Blick und wir können die Gesellschaft in seinem Spiegel betrachten. Oftmals enden die Geschichten damit, dass der Böse die gerechten Hiebe erhalten hat. Die Sehnsucht nach einem friedvollen Zusammenleben wird erfüllt, wenn die Bösen ihrer „gerechten Strafe" zugeführt wurden.

Eltern vertreten heute Werte, mit denen eine gleichwertige Kultur gelingen kann. Ein erwachsener Mensch ist in seinem Handeln und Fühlen bestimmt von all seinen Erfahrungen. Diese Lebenserfahrung ist ihm nur zum Teil über seinen Verstand zugänglich. Ein viel größerer Teil ist gespeichert im Mittelhirn und steht ihm in entsprechenden Lebenssituationen unwillkürlich zur Verfügung. Wie auf Knopfdruck kann ein Mensch in entsprechenden Lebenssituationen im Erleben, Handeln und Fühlen wieder zu einem Kind werden, während er biologisch erwachsen ist. Ist er im Erleben Kind, gelten noch die Werte seiner Eltern. Diese Werte orientieren sich an den Idealen vieler Generationen, die in einer hierarchischen Gesellschaft lebten: So erklärt sich, dass Eltern trotz der Werte einer gleichwertigen Kultur plötzlich beginnen, ihre Kinder zu zwingen und sie respektlos zu bestrafen, weil die Kinder sich nicht unterordnen lassen wollen. Diese Eltern befinden sich in ihrem Erleben zurückgesetzt in die Welt ihrer Kindheit. Sie verlieren somit den Kontakt zu den Werten einer gleichwertigen Gesellschaft, der sie sich heute verpflichtet wissen.

Im Umgang mit dem eigenen inneren verletzten Kind braucht es Empathie und die Vermittlung der Weltsicht, die wir heute leben wollen. Das innere Kind lebt noch in der Zeit von damals und es wird erstaunt sein, wenn es von uns hört, dass es sich nicht mehr unterordnen und zwingen lassen muss. Es wird ungläubig darauf reagieren, dass es wertvoll und gleichwertig ist wie jeder Mensch. Aus diesem Grund braucht es werbende Begegnungen, indem Eltern es imaginär einladen zu unseren heutigen Werten. Sehr langsam und zögernd wird es sich anschließen können, denn es ist den eigenen Eltern, also unseren Eltern loyal verbunden. So kann es in seinem früheren Wertesystem gelernt haben, alle anderen Menschen seien wichtiger als es selbst, und wenn es überhaupt wichtig sei, dann als letztes. Diese „Wahrheit" ist in seinen Glaubenssätzen verinnerlicht, die nicht einfach in Frage zu stellen sind.

Ich selbst kann mich an Dialoge mit meinem eigenen inneren Kind erinnern, als ich ihm mitteilte, dass Schlagen unwürdig sei und es sich darauf verlassen kann, dass es nie mehr geschlagen werde. Es hat ja überlebt und tatsächlich besteht keine Gefahr mehr, dass es heute noch bedroht ist. Ich entdeckte, dass mein inneres Kind in einer anderen Welt lebt. Ich hörte mich selbst mit der Stimme des Kindes sagen: „Es ist völlig in Ordnung, Schläge zu bekommen, denn ich hatte Unrecht getan, weil ich nicht auf die Mutter gehört habe." Aus meiner erwachsenen Position habe ich mit dem Kind gesprochen und versucht, ihm zu vermitteln, dass die Zeit heute sich verändert habe und die Menschen daran glauben, dass es einer menschlichen Kultur entspräche, Kinder ohne Schläge aufwachsen zu lassen. Es gäbe sogar Gesetze, die die Kinder vor Schlägen schützen würden. Mein inneres Kind hatte ganz nach Wilhelm Busch die Überzeugung, diese Kinder täten ihm Leid, denn sie würden nicht geraten können. Bis heute bleibt es skeptisch, ob das wohl gut geht und manchmal höre ich die Empfehlung, ein paar Schläge wären jetzt wohl angebracht. Erstaunt steht es daneben, wenn es mir zuhört, wie ich mit meinen Kindern in Konflikten rede und wir uns respektvoll zuhören, obwohl meine Kinder und ich unterschiedlicher Meinung sind. Zwischenzeitlich hat mein kindliches Ich so viel Vertrauen in diese neue Kultur, dass es anfängt, sich mit den neuen Umgangsformen wohl zu fühlen.

Mein kindliches Ich braucht geduldige und wiederholte liebevolle Begegnungen immer dann, wenn es sich meldet. Wann meldet es sich?

Wir merken es im Umgang mit unseren eigenen Kindern genau in den Augenblicken, von denen dieses Buch am Anfang berichtet. Immer dann, wenn **ES** ganz unwillkürlich passiert, wenn wir schreien, obwohl uns nach einer liebevollen, respektvollen Begegnung zumute ist.

4.4 Glückliche Kinder

Birgit hat für sich den wichtigen Vorsatz gefasst, dass ihre Kinder glücklich sein sollen. Ihrer Vorstellung entsprechend will sie alles tun, dass die eigenen Kinder eine glückliche Kindheit verbringen.

Birgit befindet sich hier in Gesellschaft vieler heute lebender Mütter und Väter, die das Glück ihrer Kinder wohlwollend anstreben statt die Erfüllung der Bedürfnisse aller Beteiligten. Wegen der eigenen unglücklich erlebten Kindheit, die bestimmt war von Unterordnung und Erzwingung von Gehorsam, möchten sie wie Generationen vor ihnen, dass es den eigenen Kindern besser gehen solle. Mit glücklichen Kindern ist das hierarchische System aber noch nicht überwunden, sondern es wird fortgesetzt unter anderen Vorzeichen. Statt dass die Eltern in der Hierarchie oben stehen, sind es jetzt die Kinder, die über den Eltern stehen, deren Bedürfnisse mehr zählen als die der Eltern. In einem gleichwertigen System steht niemand im Wert über dem anderen. Jeder Mensch wird wahrgenommen mit seinen Bedürfnissen. Die Bedürfnisse der Eltern sind so viel wert wie die der Kinder. Das Kriterium kann nicht das Glück des Kindes sein, sondern die Bedürfniserfüllung der Beteiligten. Der Zwang zum Glück stresst nicht nur die Eltern, sondern auch die Kinder, die letztlich lernen, nicht mehr unglücklich sein zu dürfen, um nicht den Auftrag der Eltern zu durchkreuzen.

Birgit sagt sich bisher: „Wenn mein Kind weint, dann muss ich dafür sorgen, dass es wieder fröhlich ist. Ich bin dann glücklich, wenn meine Kinder glücklich sind."

Aus diesem Glauben heraus stellt sie in ihrer Familie die folgende Regel auf: Jedes Kind darf mitspielen. Bei uns dürfen Kinder nicht ausgeschlossen werden.

Birgit sagt: „Es ist nicht fair für das Kind, welches ausgeschlossen wird. Es tut mir selbst weh, wenn ich sehe, dass ein Kind ausgeschlossen ist. Jedes Kind soll dazugehören dürfen, deshalb gibt es diese Regel."

Sie erlebt im Umgang mit ihren Kindern Situationen, in denen sie in Stress gerät, wenn die Kinder diese Regeln ignorieren. Birgit wird dann wütend und ist hilflos. Obwohl sie die Kinder für ein menschliches Miteinander, wie sie es sich vorstellt, gewinnen möchte, ist sie gereizt. Es kann sein, dass sie dann anfängt zu schreien oder ihr sogar die Hand ausrutscht. Sie kann unter den eigenen Anforderungen, die Kinder glücklich zu sehen, in einen Erschöpfungszustand geraten, so dass sie dringend eine Müttergenesungskur benötigt. Dort wird sie in verschiedensten Elternkursen trainiert, die eigenen Bedürfnisse zu erkennen und durchzusetzen. Der Kreislauf, wer darf gewinnen, beginnt wieder am anderen Ende.

Auch ich kenne Regeln, die ich aufstellte, damit das eingehalten wird, was mir wichtig ist. So ist mir Großzügigkeit wichtig. Ich verlangte von meinen Kindern, sie sollen diesen Wert unter den Geschwistern leben. Sie sollten ihr Spielzeug mit den Geschwistern teilen. Die Regel hieß: „Wenn jemand sein Spielzeug nicht benutzt, kann das andere Kind dieses Spielzeug nehmen."

Es war mir zuwider zu erleben, dass der Überfluss an Spielzeug zu Rangeleien und Gezerre um ein Spielzeug führt. Leider entdeckte ich erst nach vielen Jahren den Misserfolg dieser Regel. Statt dass die Kinder ihr Spielzeug abgaben, hielten sie es fest, versteckten es, weil sie nur so sicher waren, dass sie es behalten konnten. Ich lernte, dass ein Mensch erst dann großzügig werden kann, wenn er weiß, dass das, was er teilt, ihm gehört. Großzügigkeit kann ich vorleben, aber nicht anordnen. Ich änderte die Regel in: „Es wird nicht gestohlen! Wer was haben will fragt und bekommt es, wenn der Besitzer zustimmt."

Meine Kinder waren sichtlich erleichtert und ich erlebte ihre Großzügigkeit, die nicht mehr erzwungen wurde. Erst nachdem die Kinder ihren Besitz anhäufen konnten, waren sie bereit abzugeben. Sie wollten selber bestimmen, wann sie abgeben, sie wollten nicht Befehle erhalten fürs Abgeben.

Birgit erlebt zeitweise, dass die Kinder ihre Regel „Jedes Kind darf mitspielen!" nicht einhalten. Es kommt dann zu Auseinandersetzungen, bei denen sowohl die Kinder als auch die Mutter unzufrieden bleiben. Die Kinder erleben die Mutter als manipulierend drängelnd, werden nervös und beginnen zu weinen. Birgit ist verzweifelt, weil sie den Eindruck hat, sie kann ihren Kindern nicht die Werte vermitteln, die ihr für einen liebevollen Umgang wichtig sind.

Ein Freund (F.) redet mit Birgit (B.):
F.: „Was tust du dafür, dass die Regel eingehalten wird?"
B.: „Wenn ich mitbekomme, dass ein Kind ausgeschlossen wird, gehe ich zu den Kindern, die es tun und erinnere sie an die Regel."
F.: „Was tust du, wenn die Regel: ‚Niemand soll ausgeschlossen werden' dennoch nicht eingehalten wird?"
B.: „Da ich die anderen Kinder nicht zwingen kann und ihnen Autonomie wichtig ist, spiele ich mit dem ausgeschlossenen Kind, damit sein Bedürfnis nach Zugehörigkeit gestillt wird."
F.: „Damit diese Regel eingehalten wird, rackerst du dich ab? Entweder möchtest du die einen Kinder bewegen, den Ausgeschlossenen mitspielen zu lassen, oder aber du hast einen zusätzlichen Job, weil du mit der Vierjährigen spielst, damit sie Zugehörigkeit erlebt und somit glücklich ist."
B.: „Ja, es ist wirklich anstrengend, aber es ist mir wichtig, denn ich möchte, dass jedes Kind glücklich ist. Manchmal schaffen die Kinder es auch, miteinander zu spielen, und dann sind sie ja auch glücklich."
F.: „Wenn deine Kinder glücklich sind, dann kannst du entspannen und deshalb investierst du hier viel, obwohl es teilweise stressig für dich ist?"

B.: „Ja, und manchmal ist es so stressig, dass ich ärgerlich bin auf die großen Kinder, sie bräuchten die Kleine doch nur mitspielen lassen."

F.: „Das kann ich jetzt gut nachvollziehen. Es ist dir wichtig, dass die Kinder glücklich sind und dafür gibst du deine ganze Kraft. Auf der anderen Seite merke ich, dass du damit richtig in Stress kommst und bist dann auch unzufrieden."

B.: „Ja, ich will, dass sie gemeinsam spielen, weil ich nicht ersatzweise mit der Kleinen spielen möchte."

F.: „Und weil dir die Regel wichtig ist, strengst du dich an, dass sie eingehalten wird. Wie könnte denn ein Auftrag an dich selber lauten, mit dem es dir besser ginge und du nicht so schnell in Stress und Aktionismus verfällst?"

B.: „Ich könnte mir sagen, wenn es mal quer läuft und die Kleine unglücklich ist, dann nimm es doch nicht so ernst, Birgit."

F.: „Was bedeutet das für dich?"

B.: „Dann könnte ich entspannen. Wenn ich mir das sagen könnte, dann wäre es für mich eine neue Weltsicht."

F.: „Also, diese Betrachtung ist für dich völlig neu, weil dir bisher wichtig ist, dass alle Kinder glücklich sein sollen."

B.: „Es ist zumindest ungewohnt, aber vielleicht könnte die Kleine selbst mal eine Lösung finden, wenn sie ihren Kummer aushalten kann und ich das nicht gleich für sie löse. Darin läge auch eine Chance, dass sie lernt, sie kann auch mit Kummer und Frustrationen umgehen und sie kann sich vielleicht auch selber helfen."

F.: „Wie würde deine innere Botschaft jetzt lauten?"

B.: „Kinder dürfen auch mal traurig sein. Ich kann auch mal abwarten oder zumindest das Kind empathisch begleiten, wenn es traurig ist, ohne ihm gleich eine Lösung anzubieten. Außerdem ist so eine Regel gar nicht einzuhalten, ohne dass die Kinder selbst Stress haben. Vielleicht braucht es auch eine andere Regel, die lauten könnte: ‚Wir spielen gemeinsam und zeitweise getrennt und auch dann gehört jeder dazu!'"

Haltungen werden selten allein aus Vernunftsgründen geändert. Überzeugungen gehören zu uns, sie sind ein Teil unserer Identität. Glaubenssätze lassen sich ändern, wenn ein Spalt sich öffnet für eine versuchsweise neue Sichtweise. Dieser Spalt kann sich öffnen, wenn eine Atmosphäre des Vertrauens besteht ohne Angst vor Manipulation. Den eigenen Glaubenssatz in Frage zu stellen, ist zunächst ein Risiko, weil sich die eigenen Grundfesten des Seins auflösen und noch nicht klar ist, ob eine neue Sichtweise genauso gut durchs Leben trägt.

Schlüsselfragen, um diesen Spalt zu öffnen, sind Fragen nach dem, was es für den anderen bedeutet oder was für ihn dahinter steckt, wenn er sich für eine neue Sichtweise öffnet. Um dies zu wagen, braucht er 100 Prozent Anerkennung für seine bisherige Sichtweise.

4.5 Glückliche Partnerschaft

Bernd denkt in persönlichen Beziehungen: „Wenn es meiner Partnerin schlecht geht, dann bin ich daran schuld und ich bin verantwortlich, dass es ihr wieder gut geht. Gib alles für sie, mache sie glücklich!"

Diese Überzeugung hat er in seiner Kindheit verinnerlicht, als seine erste große Liebe, nämlich seine Mutter, ihn als kleinen Jungen lehrte, dass sie glücklich ist, wenn er sich so verhält wie sie es richtig findet. Standardsätze einer Mutter dieser Kultur waren: „Jetzt bin ich aber traurig, wenn du die Jacke nicht anziehst oder den Tisch nicht deckst." Bernd hat als braver Junge gelernt: „Mutter ist glücklich, wenn ich für sie tue, was sie sich wünscht." Er lernte: „Übernehme die Verantwortung für den Menschen, den du liebst und sorge für sein Glück." Die Motivation ähnelt der von Birgit, die glückliche Kinder um sich haben will.

Die GFK half ihm zwar, mit dem Kopf zu erkennen, dass diese Einstellung nicht lebensfreundlich ist. Wie kann er die Gefühle eines anderen Menschen verantworten? Von der Vernunft war er längst überzeugt, dass er das nicht mehr wollte.

Da Glaubenssätze jedoch tief emotional, eben in unserem limbischen Gehirn verankert sind, konnte er diese nicht einfach ignorieren, obwohl er sich wiederholt anstrengte. Immer wieder befand er sich in Beziehungen, in denen er aus vermeintlicher Liebe alles gab und letztlich doch unglücklich blieb, weil er die Rücksicht aus einer zwanghaften Verpflichtung lebte.

Freund: „Was sagst du dir selber, wenn du deinen erlernten Auftrag nicht erfüllst, dass du dafür zu sorgen hast, dass es deiner Partnerin gut zu gehen hat?"
Bernd: „Sie ist jetzt sauer und ich fühle mich schuldig. Ich verurteile mich, dass ich als Person falsch bin."
F.: „Also, du verurteilst dich als schuldig, weil du wieder etwas falsch gemacht hast, und das erkennst du, weil sie unglücklich ist."
B.: „Ja, ich frage mich, was habe ich wieder falsch gemacht und reaktiv sage ich mir: ‚Mache es wieder gut.' Diese Schuld kann ich nicht aushalten."
F.: „Ist es für dich stressig, alles zu reparieren, was du vermeintlich an Schaden angerichtet hast?"
B.: „Ja, es ist anstrengend, denn ich fühle mich noch dazu als Mensch schlecht."
F.: „Ich habe verstanden, dass du dich mit deinem Auftrag emotional verbunden fühlst, dafür zu sorgen, dass es deiner Partnerin gut geht. Und das ist zeitweise sehr anstrengend, wenn es ihr tatsächlich schlecht geht, weil du meinst, du seist dafür die Ursache. Wie könnte dein Auftrag lauten, mit dem du dich besser fühlen könntest?"
B.: „Gut nach GFK: Erstens schau danach, was du brauchst und zweitens: Du bist zwar der Auslöser, aber nicht verantwortlich dafür, wie es dem anderen geht."

F.: „Wenn du dich mit dem verbindest und ja dazu sagen könntest, was passiert dann?"
B.: „Ich fühle wie die Energie wechselt. Ich nehme beide Energien wahr, die eine ist leicht, die andere wie ein schwerer Vorhang."
F.: „Du hast die Freiheit, gleich wieder den Vorhang zu wählen, aber jetzt bleibe doch mal bei der leichten Energie. Es scheint schwer für dich zu sein, schon die Vorstellung in dir aufrecht zu halten, es könnte auch eine andere Möglichkeit geben. Kannst du es schaffen, dabei zu bleiben?"
B.: „Ja."
F.: „Welche Bedeutung steckt dann für dich hinter dem neuen Auftrag?"
B.: „Dann bin ich verantwortlich für mich selber, bin mehr mit mir verbunden und ich bin nicht so im Außen."
F.: „Nimmst du dich selbst mehr als das Außen wahr?"
B.: „Ja, ich merke aber, da kommen jetzt moralische Zweifel auf, die sagen: ‚Das darfst du nicht, einfach so für dich selber sorgen.'"
F.: „Es scheint schwer für dich zu sein, überhaupt etwas Neues zu denken. Du darfst dir gleich die Erlaubnis geben, dich wieder an deine alten moralischen Regeln zu halten. Du kannst es selbst entscheiden. Wenn du mit dem Neuen verbunden bleibst, also da wo du in Verbindung mit dir bist, was könntest du dir dann sagen?"
B.: „Bernd, schaue nach deinem Bedürfnis. Du bist nicht verantwortlich, wie es dem anderen geht."
F.: „Was erfüllt sich dann für dich?"
B.: „Anerkennung meines Selbst und ich kann mich selber wichtig nehmen."
F.: „Was merkst du denn dann?"
B.: „Ich habe ein Fundament für mein Selbst und kann von dort aus Kontakt zum anderen aufnehmen."
F.: „Ist dann etwas anders?"
B.: „Wenn ich Kontakt zu mir habe, dann bin ich zentriert bei mir, echt und authentisch und so ist es in Ordnung. Das ist die Voraussetzung, um in einen echten Kontakt zu gehen."
F.: „Was ist echter Kontakt?"
B.: „Echter Kontakt ist lebendig und ist Energie."
F.: „Wo kannst du es in deinem Körper lokalisieren?"
B.: „Es strömt vor meiner Brust und ich kann vertrauen."
F.: „Was sagst du dir jetzt?"
B.: „§1: Sorge dafür, dass es dir gut geht, bevor du Kontakt aufnimmst. Ich habe dann Zuversicht für die Zukunft und bin vertrauensvoll."
F.: „Was ist, wenn du jetzt an deine Partnerin denkst?"
B.: „Ich merke, das Neue ist noch nicht stabil, ich möchte verbunden bleiben mit dem Positiven."

Wir leben in einer Zeit, in der wir eine neue Kultur der Mitmenschlichkeit anstreben. Der bisherige zwingende Umgang mit Kindern ist in Frage gestellt. Welche Anleitungen, welche Vorbilder brauchen Kinder, um Mitmenschlichkeit selbstverständlich zu erfahren? Es gibt Elternratgeber, die das alte, angeblich bewährte Erziehungskonzept erhalten möchten, und es gibt Ratgeber, die zu einem gleichwertigen Umgang mit Kindern ermutigen.

Jeder Übergang ist für das Gehirn eine Herausforderung, da es aus Sicht des Gehirns ein Risiko ist, sich auf Neues einzustellen. Das Gehirn arbeitet nach der Logik, lieber das Alte bewahren als etwas Neues, Unbekanntes wagen.

In Konflikten mit den Kindern, wenn **ES** unwillkürlich passiert ist, braucht es eine Begegnung mit dem eigenen inneren Kind, das noch in der Welt der Disziplinierung lebt. Das innere Kind hat Erfahrungen mit Situationen, in denen die eigenen Bedürfnisse nicht erfüllt wurden. Es ist so, als ob ein Gefühls-Film aus der eigenen Vergangenheit uns erinnern will, dass wir jetzt etwas brauchen, was damals fehlte. Da das innere Kind sich meist dem Gehorsam verpflichtet weiß, orientieren sich seine Lösungsvorschläge an dem ihm Vertrauten. Das limbische System ist bekannterweise so schnell, dass die angebotene Lösung wie Schlagen oder Anschreien schon passiert ist, bevor der Verstand sich einschalten kann. Es kommt zu einer Begegnung von Personen, die in verschiedenen Jahrhunderten leben. So kann die Mutter bei unwillkürlichem Verhalten verbunden sein mit den Werten des 19. Jahrhunderts, während sie biologisch mit ihrem Kind im 21. Jahrhundert lebt. Hier braucht es liebevolle Begegnungen mit dem eigenen jüngeren Ich. Wenig hilfreich sind die Abwertungen des eigenen unerwünschten Verhaltens und damit auch die Abwertung der eigenen Person, wie es heute üblich ist bei vielen Vätern und Müttern: „Ich bin halt eine schlechte Mutter."

Um das innere Kind für den zeitgemäßen gleichwertigen Umgang zu gewinnen, braucht es Wertschätzung und Verständnis für seine Sicht der Welt. Das unwillkürliche unerwünschte Verhalten lässt sich nicht einfach über Bord werfen.

Ich habe mir bewusst gemacht, dass es nicht nur ein inneres Kind gibt, sondern viele, die in meinem limbischen Gehirn gespeichert sind. So bin ich als ganzer Mensch die Summe von vielen Identitäten mit unterschiedlichsten Erfahrungen aus verschiedenen Zeiten, genauso wie meine Mitmenschen und meine Kinder. Jeder Mensch ist ein eigener Kosmos, den er selbst nur zum Teil entdeckt hat. Kein Kosmos gleicht dem anderen. Deshalb kann ich einen anderen Menschen gar nicht kennen und ihm sagen, wie er ist. Aus dieser Sicht ist für mich der Begriff Erziehung überholt.

Wohin kann ich ein Kind denn ziehen? Ich kann es nur begleiten in eine Welt, in der viele unterschiedliche Menschen in ihrem Kosmos gleichwertig in Harmonie zusammenleben wollen.

Die Gewaltfreie Kommunikation respektiert bedingungslos die Autonomie und das Wesen des anderen Menschen. Deshalb ist sie für die neue Kultur, die alles Lebendige respektiert, so wertvoll. Kenntnisse über unwillkürliche Prozesse können helfen, die GFK auch zur Zufriedenheit umzusetzen.

4.6 Wer führt uns in die nächste Kultur?

Eine neue Welt entsteht immer dort, wo wir das leben, was natürlich, und nicht das, was heute noch normal ist. Niemand nimmt unser Schicksal in die Hand, außer wir selbst an jedem Ort, an dem wir Menschen begegnen.

Viele Familien versuchen, eine gleichwertige Kultur mit mehr oder weniger Erfolg zu leben. Die begleitenden Kommentare aus der hierarchischen Welt sind wenig ermutigend und können diese mutigen Eltern verunsichern. Sie hören: „Da sollte man doch mal durchgreifen. So wie die miteinander diskutieren, das kann doch nur schiefgehen, und dann gibt das noch mehr Tyrannen."

Gerade in den noch hierarchisch strukturierten Schulen ist es eine große Herausforderung, die Haltung der Gleichwertigkeit selbstverständlich zu leben. „Das kann ich in der Schule nicht umsetzen", sagen mir Lehrer.

In der Kultur, in der wir aufwuchsen, war die Ermutigung zum Nein-Sagen die Ausnahme oder unbekannt. Gerade in der Schule ist diese lebensbejahende Fähigkeit noch immer wenig gefragt. Der Unterricht soll den Lehrplan erfüllen. Aus diesem Grund beeindrucken Beispiele von Lehrern, die ein hohes Bewusstsein von Gleichwertigkeit zwischen sich und den Schülern haben und dies auch leben können. Auch sie bewegen sich zwischen den Welten, der alten und der neuen Kultur.

Ich freue mich an Beispielen, die Lehrer mir erzählen, wie sie an ihrer Schule Gleichwertigkeit leben. Das sind Helden unserer Zeit. Hier ein kleines Beispiel:

> Nach ihrem Unterricht will Ingrid die Treppe hochsteigen. Auf den Stufen sitzen die bald erwachsenen Schüler. Ein Pappbecher mit Kaffee versperrt die schmale Lücke auf der Treppe. „Kannst du bitte den Becher zur Seite räumen? Ich möchte dort hochgehen." – „Nein", antwortet der Schüler. In Sekundenschnelle nimmt Ingrid die herumstehenden Schüler wahr, die die Situation beobachten. Ihr Hirn rattert. Soll sie sagen: „Stopp, das geht mir hier zu weit, ich verlange Respekt, los schnell, räume den Becher weg." Wieso hat sie kurz zuvor eine Bitte formuliert, um dann doch einen Befehl herauszudonnern. Sie weiß, wenn sie später die Zeit findet, sich mit sich selbst empathisch zu verbinden, wird sie einer kleinen Ingrid begegnen, die viele Situationen so wahrnimmt, als würden ihre Bedürfnisse nicht zählen. Vielleicht geht es dem Schüler genauso, er möchte wahrgenommen werden. Also sagt sie: „Hast du Nein gesagt, weil du einen Befehl gehört hast und du selbst entscheiden möchtest, was du machen willst?" Der Schüler hebt hastig den Becher auf und murmelt: „Entschuldigung!" „Klar, er fühlt sich schuldig und hat einen Vorwurf gehört", sagt sich Ingrid. Sie fühlt zunehmend die Not eines Heranwachsenden, der oft genug gelernt hat, dass es Menschen gibt, die über ihm stehen und das Recht haben, anderen Menschen Befehle zu geben. Sie sagt nach außen zu dem Schüler: „Kann es sein, dass du gerade gehört hast, ich wollte dich beschuldigen?" Der Schüler antwortet nicht, er schaut verwirrt und erstaunt um sich. Ingrid sagt: „Mir ist wichtig, dass du den Becher hebst, weil du mir gern den Weg frei machst und nicht weil du gehört hast, du musst mir gehorchen. Kannst du mir sagen, was mir wichtig ist?" Der Schüler zuckt die Schultern. Ingrids eigener Sohn würde jetzt die Augen verdrehen und „Psycho-

gelaber" sagen – er würde den Raum verlassen. Ingrid möchte dem Schüler den Raum geben, in dem er sein Gesicht vor den Mitschülern bewahren kann. So viel Aufmerksamkeit von Seiten einer Lehrerin wird von der Peergruppe als Schwäche gedeutet. Ingrid sagt: „Ich freue mich, wenn du von mir hören kannst, dass es mich unterstützt, wenn der Weg frei ist. Vielen Dank, wenn du mir dabei hilfst. Es ist in Ordnung, wenn du Nein sagst, wenn du einen Befehl hörst. Die Welt braucht Menschen, die Mut zum Neinsagen entwickelt haben." Ingrid geht erleichtert die Treppe hoch, weil es ihr gelungen ist, darauf zu verzichten, den jungen Menschen zu erziehen, indem sie ihn maßregelt. Wenn sie den Schüler allein trifft, möchte sie ihm signalisieren, wie sehr sie ihn schätzt und ihn fragen, was er gerade von ihr gehört hat. Hoffentlich war es Wertschätzung.

Die Hierarchie besteht nicht nur dort, wo Menschen andere unterwerfen. Sie besteht auch dort, wo Menschen sich selbst abwerten. Überwinden Menschen ihren schwachen Selbstwert, mit dem sie sich unter andere Menschen stellen, kreieren sie die neue Erde der Gleichwertigkeit genauso wie die Menschen, die beginnen, andere Menschen nicht mehr zu beurteilen und abzuwerten.

Es gibt in Lukas Leben wiederholt Situationen, in denen er sich minderwertig fühlt gegenüber Personen, die mehr wissen und weiser sind als er. Als er mit seinem Meditationsmeister fotografiert werden sollte und der ihm fürs Foto die Hand geben will, zuckt er vor Schreck zurück. Intellektuell ist ihm klar, dass der Meister trotz seiner größeren Lebenserfahrung nicht mehr Wert hat oder würdiger ist, aber gefühlsmäßig erlebt Lukas es anders, er hat einen unterwürfigen Respekt. Lukas wurde vorgeschlagen, Lehrtätigkeiten im Ausland zu übernehmen. Auch das ist für ihn erschreckend, verbunden mit dem Gefühl, er sei dieser Ehre nicht wert.

Genau dieses Gefühl lokalisiert er in seinem Herzen.

Die Kindheitsgeschichte, die ihm jetzt spontan einfällt, ist folgende: Er sagt von sich, dass er von Natur aus immer etwas schüchtern war. Etwa mit sechs Jahren sieht er ältere und stärkere Jungen auf dem Spielplatz und fühlt die Sehnsucht mitzuspielen. Er geht hin und ein großer Junge kommt auf ihn zu und stößt ihn weg. Den inneren Schmerz in seiner Brust kann er bis heute fühlen.

Der erwachsene Lukas (E.), dem ich eine Stimme verleihe, sagt zu dem jüngeren Lukas (K.):
E.: „Bist du jetzt ganz verzweifelt, weil du dich schon so gefreut hast, mit den anderen Jungen zusammen zu spielen?"
Ein paar Tränen rollen Lukas über die Wangen, während er nickt.
E.: „Bist du enttäuscht und hast du allen Mut verloren? Ist es so, dass du jetzt in dir beschließt, nie mehr ein Risiko einzugehen, wenn jemand stärker und mächtiger zu sein scheint, so dass du dir sagst, von jetzt ab bleibe ich lieber im Hintergrund, da bin ich sicher?"
Lukas weint weiter leise, nickt und sagt bestätigend: „So habe ich mich immer wieder verhalten."

E.: „Kann es sein, dass du jetzt vermutest, es gibt Menschen, die haben mehr Rechte als du, und das heißt für dich, dass sie auch mehr wert sind als andere Menschen?"

K.: „Irgendwie schon, obwohl ich mit meinem Verstand weiß, dass dies nicht stimmt, aber tief in mir fühle ich es so."

E.: „Weißt du, deshalb komme ich zu dir in dieser Situation, weil ich dich wissen lassen möchte, dass diese Jungen stärker sind als du und dich nicht bei sich haben wollen. Das können wir nicht ändern. Das heißt aber nicht, dass stärkere und ältere Menschen ein Recht darauf hätten, andere Menschen als minderwertig einzustufen. Hast du das verstanden? Sag mir, was du verstanden hast."

K.: „Also, du möchtest mir sagen, diese Jungen behandeln mich nicht als ebenbürtig, so wie wir beide es verstehen. Diese Erfahrung gilt aber nicht für alle stärkeren und älteren Menschen. Du möchtest mir sagen, ich kann vielleicht mal ältere Menschen treffen, die gleichwertig mit mir umgehen wollen."

E.: „Ich gehe davon aus, dass dies eine menschliche Kultur ist, die viele Menschen ersehnen. In der Zeit, in der du jetzt sechs Jahre alt bist, wird sie erst selten gelebt, nicht in deinem Umfeld. Die gleichwertige Kultur finde ich natürlich und in der möchte ich mit dir leben. Die Kultur der Gleichwürdigkeit möchte ich mit dir erschaffen, immer wieder und immer mehr. Deshalb ist es mir wichtig, dass du jetzt schon lernst, dass alle Menschen gleich an Würde sind. Das heißt für dich als sechsjähriger Junge, jeder Mensch ist wichtig und wertvoll, egal ob jung oder alt. Kannst du von jetzt an mit mir daran glauben?"

K.: „Also, wenn du es mir sagst, möchte ich es dir glauben, und zwar auch dann, wenn mich Menschen nicht so behandeln, wie es einer gleichwürdigen Haltung entspricht."

E.: „Ja, und da werde ich dir helfen, dass du deinen Mut behältst und an eine Kultur glaubst, in der alle Menschen ihren Platz haben. Aber das geht nur, wenn du darauf vertraust, dass du selbst auch einen Platz in dieser Welt hast."

Als Lukas mit seiner Aufmerksamkeit in die jetzige Zeit zurückkommt, frage ich ihn, ob er sich erinnern kann an den Fototermin mit seinem Meister, als dieser ihm die Hand entgegenstreckt. Lukas antwortet spontan: „Ich glaube, ich würde ihn jetzt am liebsten umarmen. Meine Hemmung kann ich momentan nicht spüren. Auch meine Brust ist jetzt frei und geöffnet. Ich kann weit atmen."

Unser limbisches Gehirn ist Experte für ein Mehr- und Mindersystem. Da durch die Erkenntnisse der Hirnforschung nun bekannt ist, wie wenig die Vernunft in Krisensituationen handlungsfähig ist, ist nachvollziehbar, dass dieser Kulturwandel von einer hierarchischen in eine gleichwertige Kultur mühsam ist. Es ist möglich, unwillkürliche Prozesse zu beeinflussen, aber das ist schwer durchführbar. Ich wünsche Ihnen als Eltern, dass Sie auf diesem Weg sich nicht entmutigen lassen, wenn nicht alles auf Anhieb klappt. Unsere Kinder werden dankbar sein.

Mein Sohn schreibt in seiner Kriegsdienstverweigerung mit 17 Jahren, die er mir im Auszug freundlicherweise zur Verfügung stellt:

„Meine Mutter ist Ärztin und hat somit die Aufgabe, Menschen zu heilen. Hierbei verwendet meine Mutter hauptsächlich die alternative Medizin. Von ihr lernte ich, dass das Leben komplexer ist, als ein Computer, daher nicht nur in Einsen und Nullen, richtig und falsch einzuteilen. Sie lehrte mich, zu versuchen, alle Situationen von einem höheren Betrachtungspunkt zu beobachten. Während meiner Kindheit war meine Mutter meistens da, da sie nach meiner Geburt ihren Beruf als Ärztin zeitweilig aufgab, um sich voll und ganz der Erziehung zu widmen. Da ich der Erstgeborene bin, musste meine Mutter viele ihrer Methoden ihrer Erziehung erst an mir ausprobieren, um die Methode zu finden, die sie heute verwendet. So wurde ich in meiner frühen Kindheit häufig von meiner Mutter geschlagen, da sie damals keine bessere Möglichkeit kannte, mich über das Leben aufzuklären. So lernte ich die Gewalt bereits früh kennen und dachte damals, dass sie alltäglich und normal ist. Hierin wurde ich auch bestätigt, wenn mein Vater nicht über eine heile Welt redete, sondern über Kriege. Im Laufe ihres Lebens änderte meine Mutter jedoch ihre Methoden in der Erziehung und hat es sich heute, neben ihrem Beruf, zur Aufgabe gemacht, auch anderen Eltern diese Methode beizubringen. So genossen mein Bruder und meine zwei Schwestern je nach Alter eine friedlichere Erziehung. Heute kann ich sagen, sowohl die Gewalt in der Erziehung, als auch eine gewaltfreie Erziehung kennengelernt zu haben. Ich kann mich heute daher bewusst für einen Weg entscheiden. Ich habe mich für den Weg der Gewaltfreiheit entschieden. Ich habe erlebt, dass auch die Gewalt Erfolge hatte, jedoch die Würde des Menschen, und auch die eines Kindes nur in der Gewaltfreiheit gewahrt ist."

Zum Schluss

In diesem Buch will ich Bewusstsein wecken für unwillkürliches Fühlen und Handeln. Einsicht und der gute Wille sind für gewünschte Verhaltensänderungen in vielen Situationen allein nicht ausreichend. Ich hoffe, dass Ihr Verständnis über das limbische System erweitert wurde. Schmerzliches Erleben gehört zu der eigenen Lebenserfahrung, die limbisch zur Verfügung gestellt wird, um in der Gegenwart gewarnt zu sein vor allem, was einst gefährlich und unbewältigt war. Das Mittelhirn „spricht" zu uns, indem die damalige brenzlige Situation im Erleben wieder auftaucht. Das ist sinnvoll, denn wie könnten wir sonst unsere Lebenserfahrung nutzen. Behindernd ist das Auftauchen von alten Erinnerungsmustern, wenn die Gegenwart statt einer Gefahrenmeldung in Form von Angst und Misstrauen Zuversicht und Selbstvertrauen verlangt. Vielleicht ist der bärtige Chef ja freundlich gesinnt, obwohl das Mittelhirn seinen Bart mit dem gewalttätigen Vater vergleicht und somit Angst sendet. Wenn wir dem Mittelhirn für die Zukunft Entwarnung „mitteilen" wollen, wird eine sprachliche Botschaft von ihm: „Komm bleib ganz locker, der tut nichts", nicht verstanden.

Das limbische Gehirn versteht aber die Sprache der Bilder, Märchen und die Körpersprache der Berührung, die Stimulation von Akupunkturpunkten oder schnelle Augenbewegungen. Es kann den Atem und die Haltung des Körpers lesen, um zu erkennen, ob die eigenen Bedürfnisse erfüllt werden oder nicht.

Die Gewaltfreie Kommunikation ist eine Sprache, die mit ihren vier Schritten in der Großhirnrinde formuliert wird. Dabei orientiert sich der Sprecher an seinen Gefühlen, die in Verbindung stehen zu seinen erfüllten oder unerfüllten Bedürfnissen. Die begleitende nonverbale Kommunikation wird mit dem Mittelhirn erfasst und ist ein wesentliches Element der GFK, ohne die die Sprache zur reinen Technik verkümmern würde. Somit ist die GFK nicht nur ein korrektes Sprechen, sondern ein ganzheitliches Wahrnehmen des Raumes in und zwischen der eigenen und der anderen Person.

Sehnsüchtig versuchen Eltern, mit der neuen Sprache Harmonie mit sich und den Kindern zu schaffen. Wenn sie die Vorstellung haben, sie brauchten jetzt nur richtig zu sprechen, dann verkennen sie leidvoll, dass die Sprache nur ein Teil ist vom gesamten komplexen Prozess einer befriedigenden Begegnung. Letztlich ist diese ein

Ergebnis des gelungenen Zusammenspiels von Großhirnrinde, Mittel- und Stammhirn. Tiefe Begegnung ist ein Geschenk vieler einzelner glücklicher Begebenheiten und selten vollkommen gelungen.

Im Zusammenleben in der Familie scheint es mir der Normalfall zu sein, dass Missverständnisse und Konflikte Teil unseres Zusammenlebens bleiben. Wenn zwei Kinder und drei Aufgaben gleichzeitig an einer Mutter zerren und ihre Aufmerksamkeit brauchen, ist Gereiztheit eine der Situation angemessene Reaktion. Wenn der Blick der Mutter sich nun röhrenförmig verengt und nur noch Wut gefühlt wird, ist es menschlich nachvollziehbar, dass der Zugang zu den Sprachmustern der GFK im Großhirn verschlossen ist. Der Anspruch, hier perfekt zu sprechen, ist kaum erfüllbar.

Wir können uns freuen, wenn wir tiefe Begegnungen mit unseren Kindern haben und uns weiter respektieren und lieben, wenn wir die Verbindung vorübergehend verlieren. Bescheiden können wir anerkennen, dass es die menschlichen Möglichkeiten übersteigt, „ganz richtig, wirklich richtig" die Kinder zu begleiten. Unsere Begegnungen bleiben menschlich und damit unvollkommen, vielleicht können sie als Entwicklungschancen genutzt werden:

Hier im Buch werden speziell die gespeicherten Erlebnisse eines hilflosen und überforderten Kindes umgeschrieben, welches die Eltern einst waren. Das Kind hat zwar die Situation überlebt ... aber ohne die Gewissheit, sie sei lösbar. Die gleiche problematische Situation wird in der eigenen Vorstellung kompetent mit Unterstützung neu erlebt. Die Bewältigung seiner Not wird dem Kind einladend mit Hilfe der Gewaltfreien Kommunikation angeboten. Der innere Erlebnisfilm wird neu geschrieben. Die jetzt gefundenen Lösungsstrategien, die sich an den Maßstäben einer gleichwertigen Kultur orientieren, kann das limbische System nun zukünftig in der Gegenwart zur Verfügung stellen.

Britta Hahn, Januar 2010

Literatur

Bauer, J.: *Warum ich fühle, was du fühlst.* Hamburg: Hoffmann und Campe 2005
Besser-Siegmund, C. & Siegmund, H.: *EMDR im Coaching. Wingwave: Wie der Flügelschlag eines Schmetterlings.* Paderborn: Junfermann ²2005
Besser-Siegmund, C. & Siegmund, H.: *Imaginative Familienaufstellungen mit der wingwave-Methode.* Paderborn: Junfermann 2004
Blickhan, D.: *Mit Kindern wachsen. NLP im Alltag.* Paderborn: Junfermann ⁴2003
Brett, D.: *Ein Zauberring für Anna.* Salzhausen: iskopress 2000
Brett, D.: *Anna zähmt die Monster.* Salzhausen: iskopress 2000
Glöckner, A.: *Lieber Vater, liebe Mutter.* Freiburg: Herder 2002
Gordon, Th.: *Familienkonferenz.* Hamburg: rororo 1987
Honkanen-Schoberth, P.: *Starke Kinder brauchen starke Eltern.* Berlin: Urania 2003
Jong, de, P. & Berg, I.K.: *Lösungen (er-)finden.* Dortmund: Modernes Lernen 1999
Kropotkin, P.: *Gegenseitige Hilfe.* Berlin: Trotzdem Verlag 1989
Miller, A.: *Das verbannte Wissen.* Frankfurt/M.: Suhrkamp 1988
Miller, A.: *Am Anfang war Erziehung.* Frankfurt/M.: Suhrkamp 1983
Miller, A.: *Du sollst nicht merken.* Frankfurt/M.: Suhrkamp 1983
Miller, A.: *Das Drama des begabten Kindes.* Frankfurt/M.: Suhrkamp 1983
Ornish, D.: *Die revolutionäre Therapie: Heilen mit der Liebe.* München: Mosaik 1999
Real, T.: Mir geht's doch gut. München: Scherz 1999
Rosenberg, M.B.: *Gewaltfreie Kommunikation. Eine Sprache des Lebens.* Paderborn: Junfermann ⁹2010
Sankaran, J.: *Die Empfindungen in der Homöopathie.* Bombai: Homoeopathic Medical Publishers 2005
Tschöpe-Scheffler, S.: *Elternkurse auf dem Prüfstand.* Opladen: Leske und Budrich 2003

Weitere Literaturempfehlungen

Berg, I.K. & Steiner, Th.: *Handbuch Lösungsorientiertes Arbeiten mit Kindern.* Heidelberg: Carl Auer 2005
Bittl, K.-H.: Moree Dana: *Abenteuer Kultur.* Regensburg: Tandem 2007
Furman, B.: *Ich schaffs!* Heidelberg: Carl Auer 2007
Goleman, D.: *Soziale Intelligenz.* München: Droemer 2006
Hergé: *Tim und Struppi. Tim und der Haifischsee.* Hamburg: Carlsen ⁶2000
Holtz, K.L., Mrochen, S., Nemetschek, P. & Trenkle, B. (Hrsg.): *Neugierig aufs Großwerden.* Heidelberg: Carl Auer 2002
Juul, J.: *Was Familien trägt.* München: Kösel 2007
Juul, J.: *Nein aus Liebe.* München: Kösel 2006

Schmidt, G.: *Liebesaffären zwischen Problem und Lösung. Hypnosystemisches Arbeiten in schwierigen Kontexten.* Heidelberg: Carl Auer 2004
Schmidt, G.: *Einführung in die hypnosystemische Beratung.* Heidelberg: Carl Auer 2005
Schmidt, G.: *Gut beraten in der Krise. Konzepte und Werkzeuge für ganz alltägliche Ausnahmesituationen.* Bonn: ManagerSeminare 2009
Valentin, L.: *Mit Kindern neue Wege gehen.* Freiburg: Arbor 2005
Ziegler, Ch.: *Aufmerksamkeitsstörungen bei Kindern.* Stuttgart: Pfeiffer bei Klett-Cotta 2001
Wilhelm Busch: Bilderbuch – diverse ältere Ausgaben.

Kooperation statt K(r)ampf

232 Seiten, kart. • € (D) 22,50 • ISBN 978-3-87387-658-3
REIHE KOMMUNIKATION • Gewaltfreie Kommunikation

SURA HART & VICTORIA KINDLE HODSON

»Respektvoll miteinander leben«

»Wenn Sie genug haben von den täglichen Diskursen mit den Kindern und sich mehr Kooperation erwarten, dann finden Sie in diesem Buch wunderbare Möglichkeiten eine Veränderung herbeizuführen ... Durch die klare, leicht verständliche Sprache und die sehr übersichtliche Gliederung ist die neue Grundhaltung auch für interessierte Laien leicht verständlich und umsetzbar.«
– mediation aktuell

Sura Hart ist zertifizierte Trainerin des Center for Nonviolent Communication und dort für die Koordination der Schulaktivitäten in den USA zuständig.

Victoria Kindle Hodson hat Pädagogik und Psychologie studiert, seit über 30 Jahren in verschiedenen Schulformen gearbeitet und Seminare für Lehrer, Eltern und Schüler durchgeführt.

Weitere erfolgreiche Titel:

»Empathie im Klassenzimmer«
ISBN 978-3-87387-580-7
»Ich will anders ...«
ISBN 978-3-87387-665-1
»Erziehung, die das Leben bereichert«
ISBN 978-3-87387-566-1

www.junfermann.de

Veränderung ist machbar

96 Seiten, kart. • € (D) 11,90 • ISBN 978-3-87387-769-6

GERLINDE RUTH FRITSCH

»Der Gefühls- und Bedürfnisnavigator«

Gefühle und Bedürfnisse wahrnehmen

Gefühle sind wertvoll. Sie verweisen auf Bedürfnisse des Körpers und der Seele. Wir übergehen sie nur gern, weil wir etwa Ärger, Trauer oder Wut zuweilen als störend empfinden, scheinen sie uns doch daran zu hindern, in unserer Leistungsgesellschaft unsere Aufgaben zu erfüllen und zu funktionieren. Wenn wir unsere Gefühle und Bedürfnisse allerdings fortwährend ignorieren, geraten wir aus dem Gleichgewicht, und Körper und Seele beginnen Krankheitssymptome zu entwickeln. Die Folge können psychosomatische und seelische Leiden sein, wie chronischer Schmerz, Burnout und Depression. Das Buch nimmt all jene Menschen an die Hand, die besser als bisher auf sich achtgeben und ihre Gefühle und Bedürfnisse deutlicher wahrnehmen möchten. Es zeigt, wie wir Gefühle spüren, wie sie von unseren Gedanken beeinflusst werden und welche Rolle unser Körper dabei spielt. Verständliche Übersichten helfen dabei, emotionale Zustände präzise wahrzunehmen und zu erkennen, mit welchen Bedürfnissen sie zu tun haben.

Gerlinde Ruth Fritsch, Dipl. Psych., ist niedergelassene Psychotherapeutin (Hamburg und Dresden). Eines ihrer Anliegen ist, die Ergebnisse der Neurowissenschaften in die Psychotherapie zu integrieren.

Weitere erfolgreiche Titel:

»Raus aus den Lebensfallen!«
ISBN 978-3-87387-777-1
»Gedanken und Gefühle«
ISBN 978-3-87387-710-8
»Arbeitsbuch Selbstachtung«
ISBN 978-3-87387-692-7

www.junfermann.de

»GFK in der Familie«

176 Seiten, kartoniert • € (D) 18,90 • ISBN 978-3-87387-665-1
REIHE AKTIVE LEBENSGESTALTUNG • Gewaltfreie Kommunikation (GFK)

BRITTA HAHN

»Ich will anders, als du willst, Mama«

Kinder dürfen ihren Willen haben – Eltern auch!

Im Zusammenleben mit Kindern treten in der Regel zwei Auslöser von Konflikten auf: Die Kinder wollen etwas und die Eltern sagen nein – oder die Eltern wollen etwas und die Kinder sagen nein.

Die Autorin zeigt, wie es mit Hilfe der Gewaltfreien Kommunikation möglich ist, dass in solchen Konflikten eine gute Beziehung zwischen Eltern und Kindern bestehen bleibt und jedes Mitglied der Familie sich zu Hause wohlfühlen kann. Insbesondere geht es dabei um die Frage nach Schutz und Grenzen. Hier gilt es abzuwägen, wo ein Kind Schutz und damit Grenzen braucht und wo es selber entscheiden darf, weil es die Folgen seines Handelns schon überblicken kann. Auch gilt es abzuwägen, wo Eltern dem Kind Freiraum geben, damit es selbst Erfahrungen sammeln kann. Diesen Fragen rund um das Thema der schützenden Macht geht die Autorin in vielen Beispielen nach.

Dr. med. Britta Hahn ist Ärztin für Allgemeinmedizin und Homöopathie. Sie hat vier Kinder, lebt und arbeitet in Villingen-Schwenningen.

Weitere erfolgreiche Titel zur Gewaltfreien Kommunikation:
»Mit dem Herzen hört man besser«
ISBN 978-3-87387-667-5
»Erziehung ...«
ISBN 978-3-87387-566-1
»Mama, was schreist du so laut?«
ISBN 978-3-87387-766-5

www.junfermann.de